自己肯定感を高める100の法則

Self-affirmation

ありのままの自分をすきになる
最もシンプルな方法

根本裕幸
Hiroyuki Nemoto

日本能率協会マネジメントセンター

はじめに

「自己肯定感」という言葉がいつの間にか社会に定着し、芸能人がテレビで普通にその言葉を使うようになりました。書店に足を向ければ自己肯定感を冠する書籍が何種類も積み上げられ、多くの方が「自己肯定感を高めること」に関心をもっていることがうかがえます。

日本人は諸外国に比べ自己肯定感が低いといわれます。それは「個人」よりも「和」を重視する国民性がひとつの原因となっているようです。和を重んじるあり方は多くのメリットももちろんありますが、その一方で、自己主張をするよりも、まわりの人に合わせてうまく立ち回る順応性が求められることになります。

子ども時代を思い出してみてください。親からこんなふうに言われた記憶はありませんか？

「○○ちゃんは静かに座ってるよ。あなたももっと落ち着いて」
「そんなことしたら恥ずかしいじゃないの。世間様に笑われるわよ」
「みんながしているようにあなたもしなさい。浮いちゃうじゃない」
「○○ちゃんはすごくいい子なのに、あんたはなんでこんなダメなの？」

「ここがあなたのダメなところだから直しなさい！　大人になって恥ずかしいわよ」

大人になった今でも、人目や世間体が気になる、みんなと同じようにふるまわなければ恥ずかしい、出る杭は打たれるから個性を隠す、人にどう思われるのかがすごく気になる、自分が変なことをしていないか心配、人から嫌われるのが怖い、自分のことが好きになれない、などの思いを抱えていらっしゃる方は少なくないはずです。

しかも、インターネットの隆盛やグローバル化の推進により、まわりに合わせることよりも「個」を主張することが必要な時代となり、同時に、生活スタイルの多様化から「自分らしく生きたい」と思う人が爆発的に増えています。そんな時代に、「自分をありのままに受け入れる」という自己肯定感の重要性が叫ばれるようになったのは、必然といえるでしょう。

自己肯定感とは、長所だけでなく短所もありのままに受け入れ、認めることをいいます。長所も短所も含めて、自分の価値観や考え方、そして、自分の気持ちもすべてに「ＯＫ！」を出すことをいいます。

かつての私たちは、目立つことを恐れて長所を隠そうとしていましたし、人から嫌われないために短所は直すべきだと思い込んできました。

しかし、私は長らく自己肯定感ベースのカウンセリングをさせていただくことによって、

「私たちは長所で人を愛し、短所で人に愛される」とか、「長所は人の役に立つ部分、短所は人に助けさせてあげる部分」という表現をするようになりました。

そう、短所は「直す」のではなく、それを得意とする人に助けさせてあげる要素になるのです。

もし、そんな生き方ができるようになったら、それだけでずいぶんと楽になるのが想像できるでしょうか？　今よりもっと自分に優しく、自分を大切に、自分の状態を優先して行動ができるようになったら、あなたの毎日はどのように変わるでしょうか？

自己肯定感を高める方法を学び、そして、できるところから実践することで、数か月後にはあなたの人生は、今までと比べものにならないくらい楽になっているはずです。

この本ではそのための１００の法則を、わかりやすい言葉と方法で紹介していますが、それらひとつひとつを順番に実践する必要はありません。「あ、これ役立ちそうだな」とか、「これ、やってみたいな」と思うところから実践してみることがお勧めです。つまり、この本を読むことも、自己肯定感を意識しながら進めていただきたいと思っているのです。

数か月後の自分の変化にワクワクしながら、法則を学んでいくことにしましょう。

２０２１年６月

根本　裕幸

第1章 自己肯定感が高いと、なぜいいの？

第2章 この考え方が自己肯定感に影響する

第3章 今すぐに自己肯定感を高めるワーク

第4章 自己肯定感を高くキープする習慣

第5章　自己肯定感をベースにどう生きるか

第1章

自己肯定感が高いと、なぜいいの？

001

自己肯定感に注目すると、「うまくいかない原因」がわかる

近年、メディアなどでも「自己肯定感」という言葉を耳にする機会が増えていますが、みなさんはご自身の自己肯定感について、考えたことがありますか？

自己肯定感とは、**自分の存在価値を認めている感情**のことです。

「今の自分をありのまま認めること」「今の自分に自信をもっていること」と表現してもいいでしょう。あくまで自分が考える自分への評価なので、**「世間一般からの評価がどうであるか」は関係がありません**。また、**何かの出来事をきっかけに高くなったり、低くなったりすることもある**のが特徴です。

自己肯定感が高い状態にある人とは、つまり「自分の価値を認められている人」です。自分に自信をもてているぶん、まわりの目を必要以上に気にすることがないため、自分の考えや意見をはっきり他人に表明できます。失敗しても自分を責めすぎることなく、「次、頑張ろう」とプラス思考でいられます。

一方、**自己肯定感が低い状態にある人**とは、「自分の価値を認められていない人」だといえます。自分に自信がもてないため、つねに周囲の顔色や他人の評価を気にし

て行動しています。過剰に気を遣《つか》っているぶん、人と会うだけでどっと疲れることも。少しでもうまくいかないことがあると、自分を過度に責めてしまいます。

日本人は諸外国に比べて、自己肯定感が低いことが知られています。謙虚《けんきょ》さを美徳とする文化があり、子どもや他人を「ほめる習慣」がないことが影響していると考えられますが、加えて近年は、インターネットやSNSの浸透によって、他者からの目を意識する風潮がエスカレートしており、この傾向に拍車をかけています。

人づき合いに多大な疲れやストレスを感じてしまう**引きこもり**などの問題にも、自己肯定感が関係しているケースが多く見られます。また、**本人は頑張っているつもりなのに、仕事・恋愛・子育てなどがなかなかうまくいかない**、といった人生の悩みに関しても、自己肯定感の低さが根本原因となっている事例が散見します。

どうして、自分の人生はうまくいかないのか。どうして、自分はうまくできないのか。そんな悩みを大なり小なり抱《かか》えている方は、ぜひ自己肯定感に注目してみてください。

「何だかキツイ」の原因は、「自己肯定感の低さ」かもしれません。

002

自己肯定感が低いと、こんな問題が起きる① 人づき合い

自己肯定感が低い状態にあると、最もわかりやすく影響が出てくるのが**人づき合い**です。みなさんはこんな場面を経験していませんか?

❶頼まれると断れない。相手や周囲の希望をつい優先してしまう。
❷他人の言葉や反応が気になってふり回され、疲れてしまう。
❸仲よくしたい人がいても近づき方がわからず、二の足を踏んでしまう。
❹よかれと思ってやったことを、あまり喜んでもらえない。
❺SNSの反応が少ないと、「自分は好かれていない」と落ち込んでしまう。
❻嫌いな人や苦手な人から声をかけられやすく、面倒に巻き込まれやすい。

さらに悪いことに、このような体験を積み重ねるほど「どうして私はうまくできないんだろう」というふうに、自信のなさがますますつのっていきます。結果、いっそうコミュニケーションが苦手になり、仲のよい友人ができない、集団内で孤立してでし

まうといった、**ネガティブなスパイラル**も起こりやすくなります。

日常に浸透したSNSも、自己肯定感の低い状態で利用すると、悩みの種になります。知人や友人の投稿内容を過剰に気にしてしまったり、自分の投稿につく「いいね」の少なさで落ち込んだり、知り合いの投稿には「いいね」を押さなければと強迫観念を感じたりして、心穏やかに楽しく利用することができません。

ご近所づき合いやママ友などの場合は、さらに厄介です。顔を合わさずにはいられない関係であるうえ、「子どもや家族に影響が及ぶ」という恐れも手伝って、いっそう自分の意見やNOが言えない関係性に陥りやすいのです。

自己肯定感が低い人は、自分の感情を隠し、ついつい「いい人」としてふるまってしまう傾向があります。そのため相手は不快に思われていることに気づかず、「この人は、こちらのやり方を受け入れてくれる」と勘違いし、いっそう親密なかかわりをもってこようとするので、がんじがらめの関係にもなりやすいのです。

あなたの人づき合いの悩みにも、自己肯定感が関係しているかもしれません。

人間関係がつらいのは、自己肯定感が低いせいかもしれません。

自己肯定感が低いと、こんな問題が起きる② ビジネス

自己肯定感が低いと、**ビジネス**上でもさまざまな負担を抱え込んでしまいます。

❶許容量以上に業務を引き受けて、オーバーワークになってしまう。
❷苦しい状況になっても、周囲に助けを求められない。
❸意見を求められる場面で、うまく主張やプレゼンができない。
❹周囲から恐れられている上司や面倒な同僚に絡まれてしまう。
❺ミスやトラブルを起こすと、小さなことでもなかなか立ち直れない。

会社は、他人の評価が気になる自己肯定感の低い人にとっては、**かなりの緊張感とストレスを強いられる場**です。依頼を断れずキャパオーバーになってしまう人も多く、そうした状況下でも、責任感や「迷惑をかけてはいけない」という思いから、周囲に助けを求めることができません。

大事な場面で実力を発揮できないこともしばしばです。「失敗した」と感じる出来

事があるたびに自己否定を強化してしまいます。気の乗らない飲み会などの誘いも断れないためオン・オフの切り替えができず、心身ともに追い詰められてしまうことも。

昨今、社会問題となっている**パワハラ**、**セクハラ**などの被害者になりやすい人にも、自己肯定感の低さが関係しているケースが多く見受けられます。ＮＯと言えず、相手を助長させてしまった結果、被害を大きくしている側面が否定できないのです。

職場環境がどんなにつらいと感じても、**なかなか転職を検討できない**のも、自己肯定感の低い人の特徴です。「この環境でも、ほかの人はうまくやっているのに」「自分に実力がないから、どの会社に行っても同じだ」などと考えてしまうのです。

自分が上司側になっても、問題はつきまといます。自己肯定感が低い人はつねに不安があり、「絶対にうまくやらなければ」「無能だと思われたくない」という思いから、周囲に対して攻撃的に接してしまうことが少なくありません。結果、部下の士気をあげられず成果が出せなかったり、社内で孤立してしまったりすることもあります。

会社でのその「しんどさ」も、自己肯定感の低さが原因かもしれません。


職場での嫌な思いは、自己肯定感の低さが原因かもしれません。

自己肯定感が低いと、こんな問題が起きる③　恋愛

自己肯定感の低さは、ときに**恋愛**や**パートナーシップ**にも問題をもたらします。

❶過去の失恋を引きずり、次の恋に進めない。
❷素敵な相手との出会いがあっても、距離が縮まると逃げだしたくなる。
❸交際が始まっても、不安や疑心暗鬼から、関係をダメにしてしまう。
❹幸せになれなそうな相手ばかり選んでしまう。
❺他人の好意が怖いと感じて、素直に受け取れない。

円満なパートナーシップを築くには、「自分のよいところや好意を素直に表現していく」「こちらを幸せにしたいと望んでくれる相手を選ぶ」「不安なことや問題が起きたときには『自分の幸せ』を自分の力で選択していく」といった姿勢が必要になります。しかし、こうした姿勢になるには、**安定した自己肯定感**が不可欠なのです。

自己評価が低いと、よい出会いがあっても「自分が好かれるはずがない」と卑屈に

なったり逃げ腰になったり、交際に至っても「ほかの相手に取られるのでは」と疑心暗鬼になったりして、恋愛の喜びや幸せをうまく享受することができません。

「自分は愛されるわけがない」という思い込みがあるので、自分に好意をもってくれる相手に対して不信感を抱いたり、「馬鹿にされている」と腹を立てたりすることも珍しくありません。大切にしてくれる相手が現れても、無理難題をふっかけて「本当に愛しているの!?」というテストをくり返してしまいます。

恋愛そのものが、自己肯定感が低くなった理由であることも少なくありません。大きな失恋経験から自信がなくなり、それが原因で次の恋愛もうまくいかず、さらに自己肯定感が低くなってしまうという**負のループ**にハマってしまう人もいます。

また、周囲からの評価が気になる人は、「パートナーがいない」「結婚していない」といった事実から、「自分はダメだ」と思い込んでしまいます。

あなたがこれまで円満なパートナーシップを得られていなかったとしたら、それは自己肯定感の低さが原因だったのかもしれません。

幸せな恋愛ができないのは、自己肯定感が低いせいかもしれません。

005

自己肯定感が低いと、こんな問題が起きる④　夫婦

夫婦問題や家庭の悩みも、自己肯定感が関係しているケースは珍しくありません。

❶パートナーとの関係がうまくいっていない（不仲や浮気などの問題がある）。
❷パートナーに必要以上に尽くしすぎてしまう。
❸愛されている確信がもてない、愛情を信じることができない。
❹役に立てない自分は無力だと感じる。
❺義実家や親戚との関係に悩まされている。

自己肯定感が低い人は、**まわりの愛情をうまく受け取れない**という特徴があります。夫婦間でも、相手が愛情を示してくれていたとしても、「自分は愛されている人間だ」という前提がないため気づけないのです。

そうなると、相手も愛する喜びを感じられません。ヘソを曲げてしまったり、無力感や罪悪感を抱えるようになったりして、夫婦関係が悪化していきます。

相手のことばかりに頭の中を支配されている、**自己喪失状態**にも陥りやすいといえます。仕事などで相手が大変そうなときに、「自分には何もできない」という無力感や罪悪感をつのらせていくと、相手もそれを感じて罪悪感をもつようになり、夫婦間に溝ができてしまいます。

不仲や**セックスレス**などの問題がある場合にも、自己肯定感が低いと、「自分」という軸から問題を見ることができません。パートナーやまわりの状況が原因だと感じ、それらをコントロールしようとしますが、それは不可能な試みです。

義実家との関係でも、悩みを抱えがちです。親戚になったとはいえ、相性が合わない人もいるのは当然のこと。割り切ってそれなりのつき合い方をする選択肢もあるのですが、自己肯定感の低い人は「パートナーの親を嫌うのは悪いこと」「嫌われたくない」と感じるので、うまく距離を置くことができず、関係がこじれていきます。

「自己肯定感」という観点から見ていくと、あなたの夫婦問題を解決するヒントも見えてくるかもしれません。

夫婦仲がうまくいっていない原因は、自己肯定感かもしれません。

006

自己肯定感が低いと、こんな問題が起きる⑤ 親子

自己肯定感の低さの原因が**親子関係**にあるケースは非常に多いです。大人になってからも、そのまま親子間の問題を抱えていることが少なくありません。

❶ 親からの過干渉に悩まされている。
❷ 自分で判断や決断ができず、いつも親の意見を聞いてしまう。
❸ 親が嫌いでも、かかわりを減らすことができない。
❹「自分は可愛がられていない」と感じる、兄弟姉妹に嫉妬を感じる。
❺ 負担を感じているが、親にさまざまな援助をしている。

親子関係に悩む人の多くが、幼少期に親や親戚から「産まなきゃよかった」「可愛くない」「男の子（女の子）だったらよかったのに」「あんたのせいで人生がうまくいかない」などの言葉をかけられた経験をもっています。こうした**存在否定**の言葉は子どもの心に大きな傷を残し、「自分の価値を認めること」を難しくします。

特に影響力が大きいのが、母親です。子どもはその性格面やコミュニケーションの方法に関して、母親から多大な影響を受けます。人は成長過程の中で、**自分の中に色濃く存在する「母親」を少しずつ手放していく**ことで「自分らしさ」を確立していきますが、**自己肯定感が低い人は、心理的に母親から自由になれない**のです。

そのため何歳になっても母親の顔色や反応が気になり、その感情や意見にふり回されます。進学や就職、パートナー選びでも「母親に反対されないかどうか」を非常に気にします。自分の家庭をもったあともパートナーより母親の意見を優先してしまい、それが健全な夫婦関係や家庭作りを阻《はば》んでしまうこともしばしばです。中には、切っても切り離せない親に対して、怒りや恨みを抱えてしまうこともあります。

また、自己肯定感が低い子どもの親には、しばしば、**支配的あるいは依存的な特徴**が見られます。こういった親子の場合、成長してもお互いにうまく距離を置けないため、**過干渉**や**金銭的な依存**など、負担の多い関係性にもなりがちです。

自己肯定感の低さは、このように親子関係にも根深く関係しているのです。

親とのトラブルも、自己肯定感の問題かもしれません。

自己肯定感が低いと、こんな問題が起きる⑥　子育て

自己肯定感が低いまま親になると、**子育て**にもさまざまな影響が現れます。

❶ **子どもの将来が心配で「もっとよい親にならなくては」と頻繁に感じる。**
❷ **「子どもを十分に愛せていない、薄情な親かもしれない」と心配になる。**
❸ **よその家と比べては「○○さんのところみたいにできていない」と落ち込む。**
❹ **子育てがしんどくても人に頼れず、ひとりで頑張ってしまう。**
❺ **子どものことがとにかく心配で、手をかけすぎてしまう。**

子どもは大好きな親を真似て育つため、**親の自己肯定感は、そのまま子どもの自己肯定感に影響します**。よその家と比べては落ち込み、親としての自信のなさをつのらせていくと、「子どものことはすべて自分のせいだ」と感じるようになり、必要以上に子どもをコントロールしようとします。すると子どもはどんどん萎縮《いしゅく》し、親の顔色をうかがうようになり、親と同じような自信のない子どもになっていきます。

年齢が上がると、親の過干渉に対して**反抗的な態度**を取る子どもも出てきます。それは自然なことですが、自己肯定感の低い親にとっては、それも「親失格」だと感じる要因になり、ますます子どもに過干渉になるという悪循環が起きやすいのです。

不登校や**引きこもり**といった行動で、自身の居心地の悪さを表現する子どももいます。しかし自己肯定感の低い親は、自分自身の不甲斐なさを嘆いたり、「このままでは将来が大変になる！」などと未来のことばかり心配したりするので、今この瞬間苦しんでいる子ども本人の声を聞けず、うまく守ってあげることができません。

仕事などと同様、**子育てにも向き不向きはあり**、ほかの親にできて自分にできないことがあるのも当然です。しかしこと親となると、「完璧」を求めてくる風潮もあります。子どもたちもシステムやルールにがんじがらめにされており、自分の個性に自信をもちにくい環境の中を生きています。

そのような社会でも、自分をきちんと認められる**自己肯定感の高い子どもを育てるには、親が自己肯定感の高い状態であることが不可欠**なのです。

あなたの自己肯定感の低さが、子どもにも影響しているかもしれません。

008

自己肯定感が高まると、「いいこと」が起こりやすくなる

これまで見てきたような「何だかうまくいかないこと」を、「私のことだ……」と受け止めている読者の方も多いと思います。しかし、心配はいりません。**自己肯定感が高まると、こうした問題の数々が、何かとうまくいくようになります。**

「どうせ私なんて」「私はダメだ」という考え方から、「ありのままの私で大丈夫」に変わるだけで、自分らしく幸せに生きられるようになるのです。

自分らしい**ライフワーク**を見つけられる人もたくさんいます。ライフワークとは、仕事だけでなく、家族や友人づき合い、趣味、健康などをその人が心から満喫《まんきつ》している生き方のことだと思ってください。

自己肯定感が高まると、なぜライフワークを見つけられるのか。

それは、「**自分が本当にしたいことは何か**」を考えられるようになるからです。他人に評価される自分を演じることに終始している間、自分らしさはその陰《かげ》に隠れてしまっているのですが、その必要がなくなると本来の自分らしい姿が現れ、心の声に従って**自己実現**に取り組むことができるのです。

人は自分の心の底から湧き上がってきた「好きなこと」をやっていると、**肩に力の入っていない自然体の姿**になります。自分の本当にやりたいことに素直に生きていれば、好きなことで仕事を始められたり、人脈が広がったり、家族や友人との関係がよくなったりと、人生が楽しい方向にどんどん進んでいきます。

自己肯定感が高い状態になると、**パートナー**も見つかりやすくなります。視野が広がり、「いいな」と思う相手も変わっていきます。パートナーは自分を映し出す鏡でもあるので、自分とぴったりな人とめぐり会えるようになっていくのです。自己肯定感の高い者どうしでパートナーになることができれば、お互いを大切にできるため、ふたりで支え合いながら温かい家庭を築いていくこともできるようになります。

「ダメな私でもOK」だと自分を許し、認め、受け入れてあげることで、幸せがまわりにも連鎖していき、人生のいろいろなことが好転し、**生き方そのものがよい方向に変わっていきます。**ライフワークとともに自分らしい幸せな人生を歩んでいくためにも、**まずはご自身の「自己肯定感」をしっかり意識することから始めましょう。**

自己肯定感を意識し、高めていけば、問題は自然と解消されます。

第1章　まとめ

自己肯定感の高い状態
「ありのままの私でOK！」

人生を満喫（ライフワーク）
（➡第5章）

解消される

自己肯定感をキープ
（➡第4章）

自己肯定感を高める
（➡第3章）

自己肯定感について知る
（➡第2章）

自己肯定感の低い状態
「どうせ私なんて」
「私はだめだ」

①人間関係の問題
②ビジネスの問題
③恋愛の問題
④夫婦間の問題
⑤親との関係の問題
⑥子育ての問題

第2章

この考え方が自己肯定感に影響する

「自分ダメ出し」は、自己肯定感の低さの表れ

第1章では、自己肯定感の低さがどのような問題を生み出すかを紹介してきました。自己肯定感が低い人には、**特有の心理傾向や思考のクセ**があります。**それを理解しておくと、自己肯定感を高めるレッスンを行ったときに、効果が倍増します**。この章では、**自己肯定感と心理の関係**を押さえておきましょう。

まず、自己肯定感が低い人が日常的にくり返していることのひとつが、**自分ダメ出し**です。そこには必ず**他者との比較**が隠れています。無意識のうちに他人と自分を比較しては、「あの人と比べて自分は……」と落ち込み、「自分はダメだ」「あの人のようにならなくては」と自分を責めているのです。

情報社会となった現代では、他者と比較するための情報やソースは、無限に集めることが可能です。起きてから眠る前まで頻繁にSNSの投稿を見て、「どうして自分はこうなのか」と自分ダメ出しを続けている人も珍しくありません。

オフタイムに気持ちが休まらなければ、日中のパフォーマンスに悪影響が出ます。そうなると、さらに自己否定の要因を増やしてしまいますし、毎日ネガティブな思考

で過ごしていれば、ますます自分を嫌いになり、自己肯定感も低下します。

なぜ私たちは、「あの人のようにならなくては」と感じてしまうのでしょうか。

そこには、**「〜ねばならない」「〜べき」思考**が関係しています。

たとえば、キャリアの場合。「入社○年目なのに、目立った成果が出せていない（＝成果を出さなければならない年次なのに）」「役職に就いたのに、失敗ばかり（＝失敗すべきではない立場なのに）」などなど、「平均的な社会人像」が価値観の軸になっていて、それを満たせないと、自分をダメな存在に感じてしまうのです。

ライフスタイルでも同様です。「まわりはもう子どもがいるのに、自分はまだパートナーも見つけられていない（＝見つけているべき年齢なのに）」「大人なのに、人前で感情的になってしまった（＝冷静にふるまうべきなのに）」など、「世間から見たあるべき姿」を基準として、それを満たさない自分を攻撃してしまいます。

思考のクセをすぐに直すのは難しいですが、**まずは自分自身に意識を向け、「ああ、今、自分ダメ出しをしている自分がいるな〜」と、ただ素直に感じてみてください。**

自分に「ダメ出し」ばかりしてしまっていませんか？

010

「正解」を探すのは、自己肯定感が低いから

自己肯定感が低い人には、**「正解」を知りたがる**という傾向もあります。

「こういうときには、どう答えるといいのでしょうか？」

「あの場面で、こう言ってしまったのは、間違っていたでしょうか？」

正解主義と呼ばれるのですが、人とのかかわりがしんどいと感じている人ほど、コミュニケーションにも「ひとつの正解」があると信じて、それを探そうとします。

しかし、**コミュニケーションにおける「正解」は無限にある**というのが私の持論です。一般的にはNGでも、ある条件のもとでは正解になることもあるし、「少し前までは正解だったものが、今は間違い」ということもあるのです。

たとえば、いつもと違う髪型でデートに出かけた女性がいるとします。しかし彼氏は全然、そのことにふれてくれません。女性はイライラしてきて「私、何か変わったって気づかない？」とヒントを与え、彼はようやく「あ、髪型が違うね！　似合うと思うよ」と言及したとします。しかし女性は「もういい！」とすねてしまいました。

同じことを出会い頭に言っていれば、彼女はとても喜んだことでしょう。あるいは

すぐに「面白いパーマだね」なんて髪型をイジったとしても、ふたりの信頼関係ができていれば、「ひどーい！」などと笑い話で終わった可能性もあります。しかし交際間もない時期にそんなことを言えば、彼女はひどく傷ついたかもしれません。

つまり**コミュニケーションは、ケースバイケース**。場面や関係性によって、正解は異なるのです。

それゆえに、コミュニケーションは難しいともいえます。多くの人がそう感じているからこそ、マニュアル本もあふれているのでしょう。

ビジネスなど、明確な相手や目的があってのコミュニケーションならば、マニュアルどおりでも、それなりの成果は感じられると思います。しかし、明確な目的なく自由に広がっていくプライベートの会話は、マニュアルどおりにはいきません。

「正解」を気にしても、仕方がないのです。自己肯定感が高くなり、自分の言葉を話せるようになると、「正解」にとらわれにくくなり、コミュニケーションの悩みはぐっと軽くなります。

いつも「正解」を探そうとしていませんか？

011

「自分の意見が言えない」のは、自己肯定感が低いから

自分の意見を言えないのも、自己肯定感が低い人の特徴です。

「君の意見を聞かせてほしい」

「あなたはどう思っているの？　どうしたい？」

このような質問をされたときに、はっきりと答えることができません。

相手にどう思われるかばかりが気になってしまい、

「無能な人だと思われたくない」

「間違ったことを言って否定されるのではないか」

「自分の発言が全体に迷惑をかけてしまうかもしれない」

と感じているからです。その心理には、発言によって失敗する恐れ、バカにされる恐れ、役に立たないと思われる恐れ、期待に応えられず失望させる恐れ、場を波立たせてしまう恐れなどが潜んでいます。

仕事などで突然意見を求められると、**この場面では何が「正解」なのか**を必死で考え、自分の意見よりも「上司やクライアントが望んでいそうな発言」や「場の空気を

悪くしない発言」といった無難な答え探しに終始してしまいます。プレゼンの場で大勢の視線を浴びたり、急な質問をされたりすると頭が真っ白になり、何も言えなくなってしまうことも珍しくありません。

このように、自己肯定感が低い状態にある人は、たったひとつの意見を言おうとするだけでも、さまざまな考えが頭をめぐります。そうして**考えすぎてしまう**あまり、ただ会社に行くだけで、心身ともに疲れきっていることもしばしばです。

考えること自体は、悪いことではありません。仕事の場であれば、「その会社のため、組織のために」と思考をめぐらせるのは、社会人として大切なことです。

しかし「相手を落胆させないためにどうするべきか？」という視点から考えて100パーセントの「正解」を探しているのであれば、それは無謀な試みです。**他者の感情や感じ方を完璧にコントロールすることはできない**からです。

自分の意見を話すことや発表が苦手な人は、**自己肯定感という観点から、ご自身の恐れや思考のクセを見つめてみる**ことが、変化の助けになるでしょう。

「相手」や「場」を考えすぎて、何も言えなくなっていませんか？

012

自分を肯定できないと、「好きなもの」がわからなくなる

自分の好きなものがわからないというのも、自己肯定感が低い人の特徴です。つねに「何が正解なんだろう？」という思考にとらわれて、「自分の外」に答えを求めているので、自分の気持ちがよくわからなくなりやすいのです。

自分の気持ちを尊重していい恋愛においても、「好きかどうかわからないけど、相手が自分を好いてくれるから……」といった理由で、交際をする人もいます。

プライベートな交友関係でさえ、「相手ありき」「グループありき」で、窮屈《きゅうくつ》さを感じながらも続けている、というケースも少なくありません。

そのように流されて生きていると、何かの拍子に「自分はいったい何をやっているんだろう？」と立ち止まってしまう瞬間が訪れることがあります。

友人の結婚や転職、出世などのニュースを聞いて、何とも言えない気持ちになったことはありませんか？

普段あまり意識していない「自分」に急に目を向けると、心許《こころもと》ない感覚になり、虚無感ややるせなさに襲われやすいのです。

そういう人たちに「では、あなたの人生でやりたいことはありますか？」「どんなものが好きですか？」と聞くと、「わからない」「特にない」**「自分には『自分』がないんです」**という答えが返ってきます。生まれつき、そういう人もいるのでしょうか。

そうではない、と私は考えます。だれでも赤ちゃんだった頃は、気持ちのおもむくままに泣いて喚《わめ》いて動いて、自己主張をしていたはずです。しかし成長の過程でいつのまにか自信を失い、自分の気持ちを表現することをやめ、他人や意見や状況に合わせるクセがついた結果、「自分」がよくわからなくなってしまっているだけなのです。

逆にいえば、**このクセや「とらわれ」を取り除くことができれば、「自分」を取り戻せる可能性は大きい**ということです。

「好きなものを食べたい」「好きな景色を見たい」「好きな人に会いたい」などなど、**ストレートに心に湧き上がってくる自分の「好き」に従って動けるようになる**と、「自分の人生を生きている」という実感や充実感が、人生に戻ってきます。

自己肯定感を高めることは、**失った自分を取り戻す**ことでもあるのです。

自分の「好き」「こうしたい」を見失っていませんか？

013

「自分のせい」と思っていると、まわりの人も傷つけてしまう

自己肯定感に大きく影響してくる心理のひとつに、**罪悪感**があります。

代表的なものが**「自分のせいだ」と感じる心理**ですが、罪悪感は自分を苦しめ、自分を幸せにしないように自分を導きたがります。「本当はこうしたい」という気持ちに蓋《ふた》をして、重い荷物のように、さまざまものを背負わせようとしてくるのです。

たとえば、後輩が担当する案件がトラブっていると知ったAさん。自分も忙しいものの、「多少余裕のある自分が手伝ってあげなくては」とサポートを申し出て、深夜までの残業を続けます。ようやくの休日にも、子どもとの遊園地の約束を守り、平日にできなかった担当の家事を終わらせて……と動きっぱなしです。「この程度をこなせないのは、自分の能力不足だ」と自らを奮《ふる》い立たせて頑張りますが、「休みたい」という心の声を無視して無理を続ければ、いずれ心身に限界がくることは明らかです。

罪悪感はこのように、**人に犠牲的な態度を取らせる**ことが得意で、「自分はいいから、みんなは幸せになって」という想いを抱かせてきます。しかし、このあとAさんが倒れでもすれば、後輩もご家族も「別の人に協力を頼めばよかった」「無理しているこ

とに気づいてあげられなかった」と、ほかならぬ罪悪感を覚えることでしょう。罪悪感から多くを背負い込むと、結果的に**まわりの人にも罪悪感を与えてしまう**のです。

34ページで「自己肯定感の低い人は、自分ダメ出しをくり返す」と述べましたが、その潜在意識には強い罪悪感が潜んでいることも少なくありません。自分で自分を「罰せられるべき存在」と裁定し、自分に対して刑を執行しているのです。

そもそも、なぜ人間には罪悪感という感情があるのでしょうか。

「障害があるからこそ、感動や面白さは大きくなる」という前提に立てば、**罪悪感は、人生というドラマやゲームの演出に必要不可欠なもの**だからかもしれません。ペナルティなどのルールがあるおかげでスポーツの試合も成り立つわけで、簡単に幸せを感じられるゲームではないからこそ、人生は面白いともいえます。

多かれ少なかれだれにでもある感情なので、**罪悪感を完全になくそうと考える必要はありません**。人間が抱える一種の持病のようなものととらえ、共存しながら幸せをめざすことは可能ですので、**うまくつき合っていく方法を探す**とよいでしょう。

自己肯定感が低いのは、「罪悪感」のせいかもしれません。

代表的な兆候を知ると、「あなたの罪悪感」も見えてくる

罪悪感とひと口にいっても、その形態はさまざまです。**潜在意識の深くに沈んで、知らないうちに自分を罰している**ことも少なくありません。

❶ 自分は幸せになってはいけないような気がする。
❷ 自分は大切な人を傷つけてしまうと思う。
❸ 大切なものは自分から遠ざけてしまいたくなる。
❹ 愛する人と距離が近づくと怖くなり、逃げたくなる。
❺ 自分はけがれていると思う。
❻ 自分は迷惑な存在なのではないかと思う。
❼ 幸せになることが怖いし、信じられない。
❽ だれかに愛されるという発想がない。
❾ だれかの愛が受け取れない。
❿ 助けを求めることが苦手だ。

⑪自由になるのはだれかに迷惑をかけることだと思っている。
⑫問題が起こると自分のせいのように感じてしまう。
⑬自分は毒のような存在だと思っている。
⑭うまくいきそうになると潰してしまいたくなる。
⑮そもそも何かを壊したい欲求が自分の中にある。
⑯自分は表に立ってはいけないと思っている。

こうした思いを漠然と感じている人は、潜在意識に罪悪感が根を張っている可能性があります。何らかの原因が積み重なって、「自分を牢屋に入れようとする感情」が強くはたらきやすい状態になっている、ということです。

自己肯定感が高い状態になり、幸せを感じられる自分になっていくためにも、まずは**「自分の心にも罪悪感が存在していること」をしっかりと意識していきましょう。**

あなたを縛るその思いは、「罪悪感」ではありませんか？

015

「罪悪感のタイプ」を知ると、自己否定のパターンが見えてくる

自分自身の罪悪感を理解するには、**代表的なタイプを知る**ことも役立ちます。ここでは7つをご紹介します。

タイプ❶ だれかを傷つけてしまった、壊してしまった（加害者の心理）

これは最もわかりやすい罪悪感で、「自分の何らかの言動によって、相手を傷つけてしまった」という心理です。重要な相手への暴言や裏切りのほか、「迷惑をかけた」「支配的になってしまった」といった感覚が挙げられます。

タイプ❷ 助けられなかった、役に立てなかった（無力感という罪悪感）

助けたい、救いたい、役に立ちたい、迷惑をかけたくないと思って頑張ったけれど、力及ばずうまくいかなかった……という際に抱く罪悪感です。親や子ども、パートナー、職場の仲間や会社など、さまざまな相手に抱く心理ですが、中には飲み会が盛り上がらなかっただけで「自分が参加したせいだ」と感じてしまう人もいます。

タイプ③ 何もしていない、見捨ててしまったという罪悪感

手伝うべき場面で協力しなかった、気づいていたのに手を貸さなかったなど、「何もしなかったこと」への罪悪感です。あからさまに罪に問われることはないぶん、強い自責の念となり、「あのときこうしておけばよかった」という後悔に苛《さいな》まれます。

タイプ④ 恵まれていることへの罪悪感

容姿や出自、学歴など、「恵まれている」という事実をうまく受け入れられない人がもつ罪悪感です。「嫉妬されることへの恐れ」にもつながりやすく、率先してネガティブな話を提供したり、目立たないようふるまったり、無意識に問題の多いパートナーを選んだり、といった傾向が見られます。

タイプ⑤ 自分は毒である、自分はけがれているという罪悪感

明確な原因が特定できず、さまざまな罪悪感の蓄積によって生まれるのがこのタイプです。自覚もしにくいのですが、「幸せになりたいのに、なぜかうまくいかない」という状態を招きやすいのが特徴です。

よいことや幸せなことがあっても素直に喜べず、「私がいなければもっとよい結果になったのでは」「私の本性を知れば、みんな去っていく」などと心が晴れません。「私なんて消えてなくなればいい」といった、極端な思いに至ってしまうこともあります。

タイプ⑥ 親やパートナーから受け継いだ罪悪感

愛する相手が背負っている罪悪感を、自らも背負おうとするのがこのタイプです。

パートナーが「自分のせいで君に迷惑をかけた」などと罪悪感で苦しんでいるのを見ると、少しでも相手を楽にしたいがために「ううん、私が悪いんだよ、私のせいだよ」と言ってしまい、自分ではない人の感情で苦しむ、といった具合です。

親子の場合、子どもは身近にいる親の行動や思考パターンをコピーしながら成長します。親が罪悪感から「幸せにならない行動」を選択していると、子どもも無意識のうちにそれを真似してしまいます。

タイプ⑦ そのほかの罪悪感

宗教や家庭の価値観などにもとづく罪悪感です。

たとえば安定性を重視する家庭で育つと、起業などの大胆なことをするのが、罪のように感じられます。

また宗教には、「罪」の観点から謙虚に生きる教えを説いたものがありますが、熱心な信者になるほど「自分は罪な存在だ」という罪悪感をもちやすくなります。

以上の7つのタイプの中には、自覚しやすい罪悪感もありますが、人生の中で問題の原因になるのは、**簡単には認識しづらい、潜在意識に潜んだ罪悪感**であることが大半です。「なぜか、人生がうまくいかない」「つらい状況から抜け出せない」「恋や友情がうまくいかない」といった人には、ぜひ注目してほしい観点です。

強い罪悪感にとらわれると、自分をまるで疫病神《やくびょうがみ》のように扱ってしまいます。

しかし実際のところ、**この世であなた以上に、あなたのことを許せない人はいません**。あなた以上にあなたを罰し、攻撃している人はいないのです。その事実に気づくことは、自己肯定感を高めていくうえで大きな助けになることでしょう。

あなたのつらい気持ちは、「罪悪感」の7タイプの中にありませんか？

016

自己肯定感が低いと、「他人軸」で生きてしまう

自己肯定感が低い状態にあると、人は**「他人軸」で生きる**ようになります。

他人軸な生き方をしていると、**「人にどう思われるか」が行動の基準**なので、言動が萎縮し、自由を奪われます。「まわりの考えや価値観からズレないように」という基準のせいで、視野がせまく、物事を俯瞰《ふかん》的・客観的に見ることができません。

他人の気持ちを敏感に感じ取れる人ほど、他人軸になりやすい傾向もあります。周囲の気持ちに気づけるからこそ寄り添おうとしますが、人の価値観や考えは十人十色なので、**自分に軸がないとさまざまな人の価値観にふり回されてしまい、疲弊《ひへい》します。**

不確かなものに合わせるので、他人軸になるほど不安にも苛まれます。

他人軸になると、自分の人生にかかわる出来事でも、「自分の外側」に問題があるように感じます。つねに「夫が」「親が」「会社が」「社会が」と自分以外の主語で物事を語り、自分を被害者のポジションに置いてしまいやすくなります。このように**人生の主人公を他人に明け渡してしまっている**のが、他人軸な生き方です。

他人軸で生きる人は、おもに3つのパターンに分類できます。

ひとつめは、❶**NOが言えない「気を遣う人」**。相手に拒否されることを恐れるあまり、自分も他者にNOを言えないイエスマンです。

ふたつめは、❷**YESが言えない「自分がない人」**。「何となく違う」と感じてNOは言えても、自信をもって建設的なことを言うのは難しいのです。

3つめは、❸**YESもNOもわからない「流される人」**。つねに意思表示ができずにいます。

他人軸になる原因の多くは、**生育家庭での親との関係性**にあります。

❶**感情的な親の顔色をうかがいながら育った場合**、「気を遣う人」になりやすいといえます。❷**親が過干渉な場合**、指示や命令ばかりされるので自分の意見をもちにくく、「自分がない人」になりがちです。❸**感情的で、かつ過干渉な親の場合**は、他人の言いなりになることで安心する「流される人」になる可能性が高くなります。

中には、職場ではNOが言えず、家庭ではYESが言えないなど、複数の仮面をもつ人も。つねに周囲にふり回される他人軸な生き方に、疲れ果ててしまいます。

他人の考え方にふり回されてしまっていませんか?

017

「他人軸」でいると、人間関係で疲れてしまう

疲れない人間関係を築くには、**自分と相手の間に明確な線を引くこと**が必要です。

しかし、**他人軸**で生きていると、**「人との適切な距離感」がわからなくなる**ことが少なくありません。不用意に立ち入りすぎたり、逆に距離を置きすぎてしまったりするパターンをくり返している人は、**バウンダリー**（心の境界線）がわからなくなっている状態だといえるでしょう。

他人軸の人は、基本的に「反論したり、壁を作ったりしたら、嫌われるのではないか」という恐れがあるので、異なる意見や感情をぶつけられた際、「あなたはそう思っているんだ、合わないなら仕方ないね」とスルーすることができません。拒否されて傷つくことを回避したくて相手の要求を飲んだり、相手の機嫌を取って場を収めようとしたり、そして突然耐えられなくなり、関係性を切ってしまったりもします。

そのように人間関係がうまく築けず、**自分の心に従って行動できない**ことが続くほど、自己肯定感は低くなり、いっそうまわりを気にしてビクビク生きるようになる……といった悪循環にも陥りやすいのです。

加えて、他人軸な人は**自己犠牲的にもなりやすい**といえます。

「嫌われるのが怖い」「ゴタゴタは嫌だな」と思っているので、だれもやりたくないような損な役割を引き受けてしまうことも少なくありません。そういった姿勢でいると、周囲は「いい人」「都合のいい人」として表面上は大切に扱ってくれるので、本人はそれを「見返り」と受け止めて、ますます他人軸になっていきやすいのです。

自己犠牲的な人の多くは、過去にそうふるまうことでうまくいった「成功体験」をもっています。「まわりに合わせたからクラスに馴染めた」「相手の要望に応えたから愛情が得られた」など、我慢することで必要な見返りを得られた経験があるからこそ、そういった態度を手放せません。長年の習慣になってくると感覚がマヒしてしまい、自己犠牲をしている自覚さえなくなっていきます。

しかしそうして溜め込んだストレスは、いずれ必ず自分や外へ向けて爆発します。お酒の場でクダを巻く程度ではすまず、取り返しのつかない形で発露《はつろ》してしまうことも。そうなる前に、まずは**「自己犠牲は美しい行為ではない」と知ることが大切**です。

他人に合わせて、自分を犠牲にしてしまっていませんか？

018

察し上手な人は、人間関係のストレスを抱えやすい

自己肯定感が低い人には、**「察すること」が得意な人**も少なくありません。

つねに人の目を気にしているぶん、他人の小さな感情の変化に気づきやすいことに加え、「怒らせたくない」「嫌われたくない」という思いが強いので、そうならないように、先手先手で人の気持ちを感じ取る習慣が身についています。

しかし、人間関係にルールはあってないようなもの。どんなに相手のことを考えて気持ちや行動を先読みして行動したところで、必ずしもよい方向に運ぶわけではありません。

考えれば考えるほどいくらでも次の手は浮かぶので、「考えすぎてよくわからなくなり、何もできない」という状態にも陥りやすく、空回りしてしまったり、逆に相手を怒らせてしまったりという結果になることもしばしばです。

加えて、人間関係には**バランスの法則**があります。

ワンマンな社長の周囲には必ずイエスマンがいますし、不器用な人の側には、愛想のいいパートナーがついていることが多くあります。**人間関係は不思議なほど、プラ**

ス・マイナスのバランスを保つようにできているのです。

この法則からして、察する人のそばには、無神経な人が集まってきます。

「パートナーのためにこんなに頑張っているのに、気づいてくれない」「職場でいつも気を利かせているのに、だれも自分を評価してくれない」といった悩みを抱えている人の場合、この可能性が考えられます。

相手はあなたのように察し上手で細やかな性格ではないので、あなたが気を遣って行動していることに気づいていません。

気遣う人は、心のどこかで「自分と同じように、相手も私を察してくれるはず」という期待を持っています。これは**投影の法則**と呼ばれる心理ですが、**人は無意識に「相手も自分と同じだろう」という思い込みをもっています**。

しかし実際にはそうではなく、**自分の思ったとおりに相手が動いてくれることはまれです**。そのため察し上手な人は、ひとり相撲《ずもう》のように徒労感や「裏切られた」という落ち込み、不満を感じやすく、人間関係にストレスを抱えてしまうのです。

「察すること」が得意でも、報われないことは少なくありません。

019

察し上手な人は、ともすると「他人軸」になってしまう

察し上手な人は、**他人軸**の姿勢になりやすい傾向があります。

「先輩のために、書類を完成させなくては」「忙しい彼氏のために、サポートを頑張らなくちゃ」「家族が困るから、家事をしてあげないと」など、頼まれたわけでもないのに、他人の感情や価値観、考え方を優先して自分の言動を決める、このような姿勢は、まさに他人軸な生き方といえるでしょう。

しかし見方を変えれば、こういった人たちは「他人思いな優しい人」「平和主義者」でもあります。「それの何が問題なの？」と感じる人もいるでしょう。

問題は、**他人を優先するあまり、自分の気持ちを無視し、抑圧している**点にあります。「自分がどうしたいのか」よりも、「嫌われないように」「場の空気を乱さないように」「不快にさせないように」「人に迷惑をかけないように」といった基準で行動しているならば、それは自分を見失っている状態だといえます。

察し上手な人は敏感なぶん、まわりの人たちから日常的に膨大な量の情報をキャッチしています。そのため「相手がどう感じているのか」「どうしたら満足するのか」

ということも考えすぎてしまい、まわりの人の言動や感情にふり回されやすくなります。その結果、自分を見失ってしまい、相手中心の他人軸になりやすいのです。

よかれと思って行動しているのに、人にふり回されて苦しい思いをしてしまうのであれば、それは健全な人間関係とはいえません。ストレスになってしまうだけでなく、そのような人間関係しか築けない自分に落ち込み、自己肯定感もさらに低くなってしまいます。

間違えないでいただきたいのは、相手の気持ちを察することができたり、場の空気を正しく読めたりする**「察し上手なこと」自体は、けっしてネガティブなことではない**、という点です。自分の気持ちをきちんと尊重しつつ、上手にその力を発揮できるならば、人づき合いにおける大きな長所にもなります。

しかし、察しすぎることによって自分の心の声を見失い、周囲の人にふり回されてストレスを抱えてしまうならば、それは自分にとってネガティブに作用する短所になってしまうのです。


「察し上手」はよいことですが、ネガティブに作用することもあります。

020

「他人軸」でいると、愛や喜びを「与える」ことができない

他人軸でいるとなかなかできないのが、**「与える」ことです**。ここでいう「与える」とは、「相手が喜びそうなことをしてあげて、それに対して**自分も喜びを感じられること**」を指します。

たとえば、大切な人に何か贈り物をするとき。多くの人は、相手の気に入りそうなものをあれこれと考え、悩んで商品を選び、きれいにラッピングをしてもらったうえで、一番喜んでもらえそうなタイミングで渡そう、と作戦を練ります。

その際、私たちの心には、相手に「喜んでほしい」という潜在的な欲求や、「きっと喜んでくれるだろう」という期待があります。仮に相手が気に入らなくても、「今回はちょっと残念だったな」程度に受け止められるなら、問題は起こりません。

しかし他人軸の人は、相手の反応が気になって仕方がありません。相手が思ったような反応をしてくれないと、「もっと喜んでくれてもいいのに」といった傲慢《ごうまん》な気持ちも抱きやすいのです。プレゼント選びに失敗したような気持ちになってしまい、「もっといいものを選べばよかった」といった後悔や自己嫌悪の感情も生まれてきま

す。そうなると、人にプレゼントすることが苦痛とまで感じられるようになります。

加えて、自己肯定感が低い人は「自分だけが贈り物をしないと嫌われるから」「しないといけない空気があるから」といった動機で動いていることも多く、そうして他人軸で行動するほど、好意や喜びなどの「見返り」が欲しくなります。

もし贈る本人が「プレゼントをする」という過程そのものにワクワクし、その行為自体を楽しめるならば、相手の反応は二の次になり、気にしすぎずにすむはずです。

つまり、本当の意味で人に「愛や喜びを与える」には、

❶相手が喜ぶことを想像して、それを実現するために行動する。
❷相手の反応に関わらず、その行為そのものに自分が喜びを感じられる。

というふたつの条件がそろっている必要があります。そしてそのためには、**自分軸で行動する姿勢**と、それを支える**自己肯定感**が必要になるのです。

自分自身が喜びを感じながら「与える」ことができていますか？

021

「他人軸」でいると、見返りを求めて「取引」をしてしまう

「プレゼントをあげたんだから、喜んでよね」といった押しつけのことを、**取引**と呼びます。これは58ページで紹介した**「与える」こと**と正反対のものです。

プレゼントをあげようと思う目的が「自分の喜びになるから」ではなく、「自分を特別扱いしてほしいから」「好きになってほしいから」「嫌われたくないから」といった思いなのであれば、それは「取引」だと理解しましょう。

プレゼントをしても、思っていたような反応が返ってこなくて、落ち込んだことはありませんか？　そんな経験があるならば、それは「取引」をしていた証拠かもしれません。

プレゼントをもらう側に立ってみると理解しやすいと思いますが、喜びを素直に表現できないけれど内心は嬉しい、ということもあります。月日が経ってから、そのプレゼントの意義やありがたさに気づけることもあります。

もし本当に相手に喜んでほしくて贈ったならば、「目に見えて喜んでもらえなかったとしても、その自分の気持ちは価値あるものだ」と自分でしっかり認めてあげるこ

とが大切です。「あの人は、こういうのが好みじゃないのかもしれないな」といった今回わかった事実を、次のチャンスに活かすこともできます。

察して行動しているうちに、途中から「取引」に変わっていくようなケースも少なくありません。最初は純粋に「相手のために」と思っていて行動していたことが、次第に「喜んでもらいたいと思ってしているのだから、相手もちゃんとそれを受け取って喜んでほしい」に変わってきてしまうのです。

いつも気を遣って優しくしているのに、気づいてもらえなかったら、不満や不信感を覚えるのは当然のことです。気遣うことに喜びを感じられなくなったならば、「やめる」という選択肢もあります。しかし場の空気や相手の反応を気にしすぎてしまう**他人軸**の人は、その選択ができません。そうして不満をつのらせながら取引を続け、その関係にストレスを感じるようになります。

自分の気持ちがともなわないならば、物品にしろ、優しさや気遣いにしろ、**「無理して与える必要はない」と理解しておきましょう。**

「与える」ことに見返りを求め、「取引」になっていませんか？

「子ども軸」な姿勢の親は、子どもを追い詰める

自己肯定感が低い人は**他人軸**になりやすい、というお話をしましたが、そうした人が親になると、今度は**子ども軸**になるケースが非常に多いのです。

「子ども思いのよい親」という見方もできますが、子どものことに一喜一憂し、まるで自分のことのように感じてのめり込むほど、親は**「自分」を喪失**していきます。そして「私が何とかしてあげなければ」と**子どもをコントロール**しはじめます。

しかし、子どもが完璧に自分の思いどおりにはなることはなく、親はますます**過保護**に、**過干渉**になっていきます。特に母親に多く見られますが、親子の境界線がわからなくなる状態を、**癒着**《ゆちゃく》や**共依存**と呼ぶこともあります。

親がコントロールしようとするほど、子どものほうは「親を苦しめている」という**罪悪感**を抱くようになります。自分の個性や意思を尊重してもらえないので、人格を否定されているような、拒絶されているような感覚があり、自信を育めません。

親が対等に話を聞いてくれないと、子どもは自分の世界を侵されているような感覚があり、安心感がないので、次第に心を閉ざすようになります。その結果、**引きこも**

りや素行不良などに至ることも少なくありません。それがさらに親の過干渉を生み……といった悪循環が起こってしまいます。

そもそも、自己肯定感が低く自分のダメなところを探してばかりいる親は、子どものダメなところにも気づきやすく、頻繁に指摘します。親に否定されるほど、子どもの自己肯定感は低くなっていきます。親は子どもの一番のお手本なので、親自身が**自分ダメ出し**のクセをもっていたりすると、それを受け継ぎます。

28ページで、「親の自己肯定感は、そのまま子どもの自己肯定感に影響する」というお話をしましたが、親の自己肯定感が低いと、子どもの自己肯定感も低くなってしまうのには、こうした背景があるのです。

子育てにおいて悩みをもっている方は、子どものことはいったん置いておいて、**まずはご自身の自己肯定感を高めることに取り組んでください**。それによって、**子どもとの境界線**を引けるようになり、子どもを尊重できることで、子どもの様子に変化が生まれることも少なくないのです。

子どもを思いどおりにコントロールしようとしてはいませんか？

023

「自分軸」で生きることは、自己肯定感を高める必須条件

ここまで見てきた**他人軸**の対極にあるのが、**自分軸**の姿勢です。

自分軸で生きることは、**自己肯定感を高める必須条件**です。自分軸と自己肯定感は、車の両輪のような関係です。自分軸が確立されると、自分と相手は対等になり、ウィンウィンの関係が築けます。そのメリットは次のようにまとめられます。

❶ 相手からどう思われているか気にならなくなる

相手の反応次第で行動を決めるのではなく、「私がしたいからする」という前向きな考え方ができるようになります。「すること自体」に喜びを感じられるようになるため、相手の反応に左右されずに自分の能力を発揮しやすくなります。

❷ 自分か他人か、優先順位がわかるようになる

自分を優先するか、他人を優先するかを選択できるようになります。頼まれごとなども「断る」という選択肢があるとわかり、精神的な自由と余裕が手に入ります。

❸ まわりがいい人たちばかりだと気づく

自分軸になると心に余裕ができるため、視野が広がります。すると、今まで見えていなかった周囲の人たちのいいところや魅力を見つけられるようになります。

自分軸で生きるとは、つまり**自分を主人公にする生き方**のことでもあります。まわりにふり回されず、**能動的**で**創造的**で、**自由**でいられます。

自分軸で生きる人は、**起こった出来事を「問題」にするかどうかも、自分で決めていい**と知っています。他人や環境から何らかの影響を受けたときでも「これを問題や悩みとして受け止めているのは、私自身なんだ」という視点をもっています。

仮に問題と感じたとしても、「これを乗り越えれば成長し、より自分らしい人生を歩めるようになる」ととらえ、最終的にはポジティブな経験に変えることができます。

自分軸で生きる人は、**問題を創造的に解決していける人**だともいえるでしょう。

「他人軸」から「自分軸」に変われば、自由に生きられます。

024

「自分軸」で生きると、「本当の安心感」を得られる

自己肯定感が低い人は、**不安を感じている時間が長い**という特徴があります。どんな場所にいても他人や周囲を気にしているので、心が休まらないのです。

「世の中にもっと優しい人、自分を受け入れてくれる人がいたら安心できるのに……」と思ったりしていませんか？　もちろん、そういう環境が整えば、不安は多少和《やわ》らぐでしょう。しかしこの考えは半分、間違いです。

なぜなら、**安心感は人からもらうものではない**からです。

治安の悪い国に、ひとりで旅に出かけた状況を想像してみてください。飛行機内で優しそうな旅行者と知り合い、現地にもくわしいというので「この人といれば大丈夫」と安心していたものの、現地に着いたとたん、その人が態度を豹変《ひょうへん》させたらどうでしょうか。安心感は吹き飛び、一気に不安になってしまいます。

他人からもらう安心感は、所詮《しょせん》、**他人軸**のものなのです。自分の安心感を他人やその気分に委《ゆだ》ねていると、「いつそれがなくなるかわからない」というリスクがつきまとい、本当の意味での安心を感じることはできません。

そこで大事になるのが、**自分軸**です。

自分軸をもてている人は自分の足で立っているので、自分と相手の間に線を引くことができ、譲れるものと譲れないものの境界もはっきりと見えています。

先ほどの例でいえば、「自分を自分で守る意識がある旅行者」といえるでしょう。相手に少しでも不穏な兆候を感じたら、「ここから先は一緒に行動しないほうがいい」と即座に判断し、自分の安全を他人の手には委ねません。**自分の優先順位が相手より高い**と自覚できているので、自分を大切にする行動ができるのです。

そのことで相手が不満や不機嫌をぶつけてきても傷つくことはなく、「自分や自分の大切なものを守れたこと」のほうに価値を感じます。自分自身が自分の絶対的な味方なので、**必要以上に他人の挙動を恐れることがなくなる**のです。人づき合いに必要以上に疲れることがなく、**かえって他人と前向きにかかわることができます**。その結果、周囲にも自分軸をもった人が増え、健全な交流を楽しめるようになります。

本当の安心感を得るためには、自分軸で生きる姿勢が不可欠なのです。

「自分軸」を確立することで、むやみな不安から解放されます。

025

「自分軸」で生きると、「察する力」がプラスにはたらく

自分軸で生きられるようになると、「自分が気を遣うかどうか」を**選択できるようになる**ため、54〜57ページで取り上げた**察し上手**な能力も、プラスに活かせるようになります。

ある場面では「ここは場の空気を読んだほうがよさそうだな」と判断して相手に合わせ、別の場面では「相手の気持ちも何となくわかるけど、今はそうしたくないからやめよう」と決める、といった選択ができるようになるのです。

自分軸でいるときは、相手に気を遣うときにも**「与える」意識**なので、負担にはなりません。「相手がどう思うか」よりも、「自分にとって喜びだからやる」ということを優先できるのです。

仮に相手が期待どおりの反応をしてくれず、報われない状況になっても、「まあいいか」「今回は仕方ない」と思うことができます。「自分がしたくてやったんだから」という前向きな爽快さがあるため、過度に引きずらなくてすむのです。

他人軸で察する力を発揮しているときは、相手や周囲の足りないところ、ダメなと

ころにフォーカスをしやすい傾向もあります。「細やかに気づいてフォローするのが自分の存在価値だ」と思い込んでいるためです。

しかし、自分の気持ちを優先して行動する場面が増えると、逆に、**まわりの人が自分に気を遣ってくれていることにも気づける**ようになります。

その結果、まわりの人がもっている長所や魅力にも気づきやすくなります。そしてそういった機会が増えるほど、相手や周囲を信頼できるようになるので、気持ちがとても楽になります。

自分の心の状態や状況を見て「与えるかどうか」を選択できるようになると、どんどん**自由**が手に入ります。「私がそうしたいから、そうする」という心持ちで気遣いができると、「場の空気を読めること」「人の気持ちをわかってあげられること」はその人の長所に変わり、察する力を存分に発揮できるようになっていきます。

自己肯定感をしっかりもち、自分軸で生きることができれば、「察する力」はあなたの大きな魅力になるのです。

「まわりに合わせるかどうか」は、自分で決めてOKです。

「自分軸」になると、「人との適切な距離」を測れる

自己肯定感が高まり、**自分軸**にしっかりと立てるようになると、**人との距離感**を上手につかめるようになります。

他者との心地よい距離感を作るには、**自分の気持ちを感じる力**と、**目の前の人が感じていることを感じ取る力**のふたつが必要です。

たとえば、自分が近づきたいと思っても、相手が「これ以上は嫌だ」と思っている距離を感じ取れなければ、相手に不快な思いをさせてしまいます。逆に、人目などが気になって相手のことばかり考えていると、自分がどうしたいかがよくわからず、適切な距離を測ることができません。

適切な距離とは、自分にとっても相手にとっても近すぎず、離れすぎず、という距離です。まずは自分の感情を感じ、次に相手の様子や態度から、お互いにとって適切な距離を測っていきます。相手が息苦しそうな、嫌そうな雰囲気を出していたら、それは「近すぎ」のサインなので、少し距離を取ってあげることが理想です。

もし相手から距離を取られたら、ショックを覚えることもあるでしょう。それでも、

自分軸で生きていれば、「タイミングややり方が不適切だっただけで、自分自身を否定されたわけではない」と理解できます。そして「相手に準備ができるまで、この距離で待ってあげよう」「信頼されるような態度を取っていこう」あるいは「仲よくなれる別の人を探そうかな」などと主体的に考えます。

逆に、自分にとって心地よい距離が相手にとっては遠く感じられている場合もあり、それを察知して無理して近づくと、今度は自分にとって不快な距離になります。この場合でも、自分軸で生きていれば「まだ心の準備ができていないことを、ちゃんと話して理解してもらおう」など、相手任せではない解決方法を取ることができます。

お互いに心地よい距離感をつかむには、時間が必要なこともあります。しかし他人軸でいると「嫌われた？」「どういう魂胆なの？」などと相手の気持ちばかり測って不安になり、ときに相手をコントロールしたがり、ストレスをかけてしまいます。

一方、自分軸に立てていれば、**時間をかけて落ち着いて相互理解に努める**ことができます。結果、相手との適切な距離感を見いだしていけることが多いのです。

他人との相互理解は、あなたの自己肯定感の上に築かれます。

「自分軸」になると、「相互依存」の関係が作れる

自己肯定感が高まり、**自分軸**で生きられるようになると、「人に合わせる」だけでなく、**「自分の意見を通す」という選択肢**が得られます。

しかしながら、「どのくらい人に合わせて、どのくらい自分の意見を通せばいいのかわからない」と感じる人もいるでしょう。それを理解するために有効な、**コミュニケーションにおける基本の３モデル**をここで紹介しておきます。

❶完全なる他人軸（依存）

「だれかに何とかしてもらいたい」と感じる状態です。物事がうまくいくかどうかはすべて他人次第で、相手に見捨てられないかという不安や恐れも大きく、「何もできない自分の代わりに、だれかに全部背負ってほしい」というマインドです。

❷自分軸でいるようで他人軸にいる（自立）

依存状態でいることのつらさをくり返さないために、「もうだれにも頼らない！」

と意志をもち、何でもひとりでやろうとする状態です。極端になると、人に頼むことを屈辱だと感じるので、他人との競争状態ばかり作り出し、勝ち負けや正誤にとらわれます。じつは他人との線引きができておらず、相手にふり回されているという点で、実際にはまだ他人軸にいる状態です。

❸ 人間関係の理想型（相互依存）

「自分でできることはするけれど、できないところは人に頼む」という、バランスの取れた状態です。自分軸を確立しているので、頼ったり頼られたり、相手と良好なコミュニケーションが取ることができます。

「自分」をしっかりもてるようになれば、人との積極的なかかわりが可能になります。❶**依存**から❷**自立**を乗り越え、そして❸**相互依存**の人間関係を作れるようになることが、自己肯定感を高めた先のゴールと考えてよいでしょう。

他人との間に、バランスの取れた関係を構築していきましょう。

028

「自分軸」でとらえると、問題は解決に向かう

他人軸の生き方をしていると、何か問題が起きたときにも、原因や解決の手段を完全に相手側に委ねることになります。

たとえば、配偶者の浮気問題が起きたとき、他人軸の人は「そっちが100パーセント悪い。相手と別れて私に謝罪するべきだ」と主張します。

しかし、仮に相手がそうしたとしても、夫婦円満に戻れる確率は高くありません。本人が**「自分ごと」として問題に向き合っていない**ため、ひたすら「また浮気をするんじゃないか？」と疑心暗鬼になり、夫婦関係の再構築に向き合えないからです。

一方、**自分軸**で生きている人は、たとえ相手の浮気でも、「夫婦の問題」として**主体的に受け止め、どうすれば問題をよい方向に解決できるかを考えます**。私のカウンセリングでも「すべての問題はフィフティー・フィフティーで、対等である」という見方を勧めています。

しかし、これは「自分のせいでもあるから、自分を責めなさい」ということではないので、注意してください。

罪悪感から「自分のせいだ」と自分を責めることと、**「自分ごと」として自分軸でとらえる**ことは、まったく非なるものです。

問題の原因が自分にある場合でも、罪悪感に悩むだけでは、何も解決しません。自分の非は素直に認めつつも、自分を責めるのではなく、解決策を探しましょう。

これが自分軸で問題に向き合う姿勢です。いってみれば、「罪を憎んで人を憎まず」を自分自身に適用できるようになる、ということです。

罪悪感は巧妙に自分を責めるよう誘惑してくるでしょうが、「自分の態度や言動」に何かしらの原因があっただけで、「自分そのもの」を責める必要はない、ということをしっかり理解しておきましょう。

罪悪感から自分を責めることはせず、しかし「この問題は自分自身を成長させ、ふたりの関係をよりすばらしいものにするために、自分に与えられた課題なのだ」と前向きにとらえることができれば、多くの問題は解決に向かうことが期待できます。

「罪悪感」ではなく、「自分ごと」としての意識をもちましょう。

029

「それが今の私だから」で、罪悪感を軽くできる

罪悪感を軽くすることは、自己肯定感と密接に関連しています。

人は**罪悪感**を覚えている際、**自分を傷つけるような言葉**を自分に浴びせつづけています。他人のミスなら許してあげられるのに、自分がミスをすると「私って本当に無能なんだから！」などと責めつづけてしまうのです。しかも、内なる世界でのことなので、だれの制止も受けず、思いきり罵声《ばせい》を浴びせることができてしまいます。

こうした**自分を傷つける言葉がけをやめる**ことが、「自分を許すこと」です。

とはいえ、長年やってきた習慣をすぐにやめるのは、とても難しいことです。下手をすると、「自分を責めるのをやめたいのに、やめられない私はダメだ」と、新たな自己否定のネタを見つけてしまいます。

そんなときにぜひ使ってほしいのが、**「それが今の私だから」**という言葉です。

罪悪感を覚え、自分を責めそうになったとき、「それが今の私だから、しょうがないよ」と、その瞬間の自分を丸ごと受け入れるのです。気持ちがともなわなくてもかまいません。心の中でそうつぶやくだけでも、「今の自分を許すこと」につながります。

「これが今の私だから」という言葉は、**自己肯定感の象徴**ともいえます。ありのままの自分を受け入れるということは、つまり**自分という乗り物を乗りこなす**ことにほかなりません。

自己肯定感の低い人は、自分を扱いにくい乗り物のように感じています。つねに「こうすべきなのにできない」いうさまざまな葛藤を抱えてきたからです。

罪悪感はそうした葛藤に巧妙に忍び込んできて、「できなくてごめんなさい」「こんな自分ですみません」と自分を責めるルーティンを作り上げていたのです。

そういう人は、思いどおりにならないことが続くと、「自分を揺さぶる感情は悪いもので、制御するべきだ」と思い込むようになってしまいます。

しかし感情は、意識レベルではなかなかコントロールできないものです。封じ込めようと思うのではなく、サーファーのように**上手に乗りこなせる状態**をめざしていきましょう。自己肯定感をしっかり育てて「これが今の私」「こんな自分もＯＫ！」と許しを与えられるようになると、感情の海のサーフィンはとても上手になります。

「罪悪感」などの感情は無理に押し殺さず、うまくつき合いましょう。

「ほめ方」を知れば、子どもの自己肯定感を高められる

62ページで、**子育て**において親の自己肯定感が大切であるとお伝えしました。今まさに子育てにおける問題を抱えていて、「**子どもの自己肯定感を高めるには、どのような接し方をすればいいのか**が知りたい」という方もいることでしょう。

教育論で見ればさまざまな意見があると思いますが、「子どもの自己肯定感を高める」という観点から見れば、**ほめること**はとても重要です。

ほめることは、**相手の「今」を認めてあげること**につながります。

そのためには、❶**子どもが一生懸命やったことを、結果にとらわれずにほめてあげること**、❷**具体的にほめること、**❸**対等な目線で伝えること**が望ましいです。❹**その子の長所を見つけて、具体的に言及してあげること**（たとえば「弟におもちゃを貸してあげて優しいね」など）もほめる行為に含みます。

ただし、ほめる言葉に「〜をさせるためにほめておこう」といった下心が含まれていたり、「〜したらほめてあげる」といった交換条件が含まれていたりすると、子どもは喜びよりもプレッシャーを感じてしまうので注意してください。そのようなほめ

方をしていると、子どもは親の顔色をうかがうようになり、「ほめられるために無理をする」というスタンスにもなりやすいのです。

ほめる前に、**「純粋に目の前の子どものいいところを伝えようとしているのか、それとも交換条件を期待する気持ちがあるのか」**を、一度自分の中で確認するのがお勧めです。

子どもを否定するクセがある人は、ひとまずは熱心に子どもの話を聞いてあげて、**否定せずに受け入れてみる姿勢**を心がけるといいでしょう「それもいいけど、こっちのほうがみんな嬉しいよ」など、間違いは直しても否定しないことが肝心です。

また、**折にふれて「ありがとう」を言ってあげる**ことも有効です。「手伝ってくれてありがとう」など、結果にかかわらず行為そのものに感謝するのが大切です。「生まれてきてくれてありがとう」など、**その子の存在そのものに感謝の言葉をかけてあげる**ことも大切にしてください。**存在しているだけで価値がある**という認識は、そのまま自己肯定感につながっていきます。

子どもの「今」を否定せずに受け入れてあげましょう。

第2章 まとめ

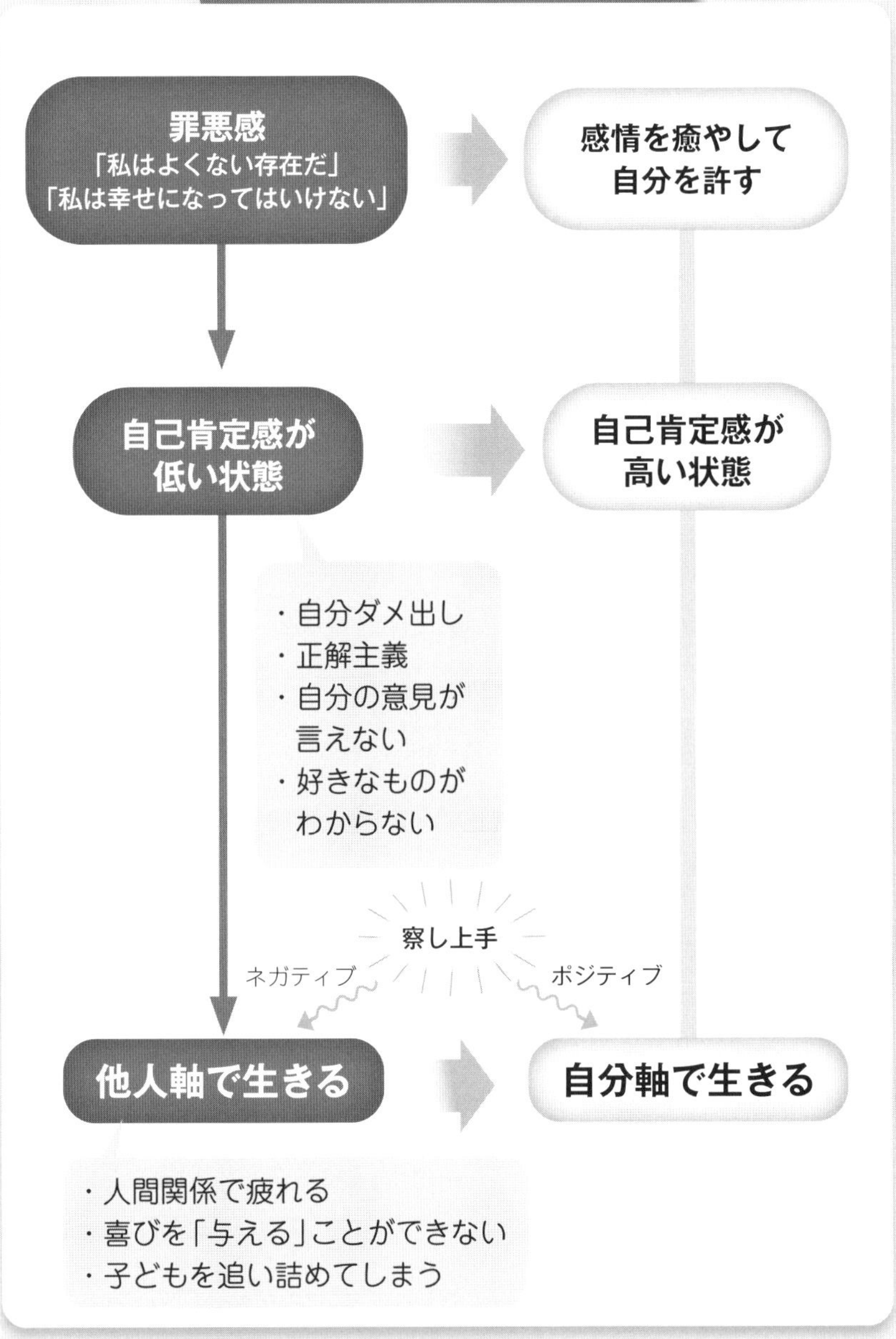
罪悪感
「私はよくない存在だ」
「私は幸せになってはいけない」
感情を癒やして
自分を許す
自己肯定感が
低い状態
自己肯定感が
高い状態
・自分ダメ出し
・正解主義
・自分の意見が
言えない
・好きなものが
わからない
察し上手
ネガティブ
ポジティブ
他人軸で生きる
自分軸で生きる
・人間関係で疲れる
・喜びを「与える」ことができない
・子どもを追い詰めてしまう

第3章

今すぐに自己肯定感を高めるワーク

031

「ただ自分を見つめてみる」ことが、自己肯定への第一歩になる

ここからは、自己肯定感を高めるための具体的なワークを行っていきましょう。

最初の一歩は、**自分自身に意識を向けること**です。

第2章でご紹介したように、自己肯定感が低い人は、自分の気持ちよりも他人の気持ちや顔色を優先して生きる**他人軸**の状態にあるケースが少なくありません。

他人に合わせることが基準になっているときに「**自分軸**で、自分らしく生きましょう」と言われても、「自分」がわからないと感じる方もいらっしゃるでしょう。

それでかまいません。ただ「**今の自分はこういう状態なんだな**」と、今の自分を見つめるだけで十分です。

「明日から他人にふり回されずに生きよう！」と意気込む必要もありません。

第2章までの内容を参考に「私も他人軸で考えているかも」「思い当たる節がある」などと、ただ素直に感じてみてください。

「どうやって自分に意識を向けたらいいのかわからない」という人は、以下のような質問の答えを考えてみると、より客観的に自分を見つめやすくなるはずです。

❶「どうしたいの？」と聞かれて困ったことがありませんか？　それはなぜですか？
❷自分にダメ出しをしたことはありますか？　それはどんな内容でしたか？
❸嫌われないためにどうするかを考えていませんか？　それはどんな内容ですか？
❹あなたの好きなものは何ですか？　それは本当に好きなものですか？
❺自分や他人に罪悪感を抱いていませんか？　それはどんな内容ですか？

自分に意識を向けられたら、**そうできた自分をぜひ、ほめてあげてください**。今まではちゃんと見てあげていなかった「自分自身」に目を向けられたことは、思っている以上に重要な一歩なのです。

「他人のために頑張りすぎている自分を理解することができた」

「ひとりで抱え込んで、自分ダメ出しばかりしている自分がいると知った」

「罪悪感にとらわれて、自由にふるまえないでいる自分に気づいてあげられた」

そこから一歩ずつ、本当の自分らしさを取り戻していきましょう。


まずは意気込まずに、ただ「今の自分」に意識を向けましょう。

032

「大切なもの」を考えれば、自分に意識を向けられる

「自分にとって大切なもの」「自分が大切にしていること」に気づくことも、自分自身に意識を向けるために有効な方法です。

「私にとって、大切なものって何だろう？」と、**静かに考えてみてください。**

大切なものを考えてみると、今の自分が何に、だれに、そしてどんなことに興味をもっているのかを改めて確認できます。「**大切にしているもの＝自分自身**」でもあるので、大切なものに気づけると、より自分のことを大切にしてあげることもできます。

大切なものや人に気づけたら、**なぜそれが大切なのか**も考えてみてください。

それによって、**自分がどんな要素を大切にしたいか**に気づくことができます。

「活力ある人生が送りたいから、仕事を大切にしているんだな」「地元の友人が大切なのは、安心感や癒《い》やしを感じるからだな」などと気づける人もいるでしょう。

自分にとって大切な要素がわかれば、**それをできるだけ日常に取り入れていく**ことで、自分の心地よさや満足感があがることが期待できます。それは自分を大切にする行為となり、自己肯定感を高めることにつながっていきます。

普段の生活の中では、「自分にとって大切なものは何か」を考える機会は、思ったより少ないものです。何か問題が起こって初めて、大事にしてこなかったことを思い知らされる場合もあります。当たり前に近くにあるものと油断していて、失ってからその大切さに気づいた、という経験をしたことがある人は、決して少数ではないと思います。

だからこそ、日頃から大切なものを自覚し、「思い出せるときだけでも大切にしよう」という意識をもっておくことは、自分の大切なものを守るためにも有効です。

そして苦しいときにも、大切なものに気づこうとする姿勢は有効にはたらきます。今この瞬間の自分の痛みよりも、もっと大切なものが見えてくるからです。「苦しいからこそ、大切な人たちを大事にしよう」と感じられたり、「今苦しんでいる私自身を大事にする行動をしよう」と決意することができたりと、「ただひたすら苦しむ」以外の選択が可能になります。

「私にとって、大切なものって何だろう？」と考えてみましょう。

自分の「短所」を反転すれば、「自分らしさ」が見つかる

自己肯定感の低い人は、**自分の短所や欠点を見つけるのがとても得意**です。しかしじつは、この「特技」を使えば、自己肯定感を簡単に高めることができます。なぜなら**人間の長所と短所は、表裏一体**。見方ひとつで反転することも少なくないからです。

たとえば「頑固で融通《ゆうずう》が利かない」というと短所になりますが、「信念がある」「意志が強い」ととらえれば、長所になります。「感情的で暑苦しい人」ととらえれば短所ですが、「情熱的な人」というふうに長所として見ることもできます。

自分の短所や欠点だと思うことを、まずは書き出してみましょう。そして、**「これをポジティブにとらえると、どう表現できるだろう?」**と考えてみてください。

例① **飽きっぽい性格で、趣味が長続きしない。**

↓好奇心旺盛。いつも初心者として楽しめる。いろいろな人と知り合える。

例② **忘れっぽくて、いつも周囲に迷惑をかける。**

↓場の空気を和ませる。助けてもらっているぶん感謝ができる。

例③ 引っ込み思案で、いつも後ろのほうにいる。
⬇ そのぶん全体の状況を客観的に見られる。引っ張る人をサポートできる。

余裕があれば自分だけでなく、**まわりにいる人たちの短所も探してみる**とよいでしょう。自分の短所をポジティブにとらえ直すことは容易でなくても、まわりの人の短所であれば「でも、ああいうところもあの人らしさだよな」「そういう一面が、こういうよさにつながっている」などと許容していることにも気づけるはずです。

短所を直そう、克服しようとすればするほど、同時にその裏側にある長所もなくなってしまいかねません。「**短所は直さなくてもOK!**」と理解しましょう。

そして、自分の短所だと思っていることは、できるだけ自分の**個性・自分らしさとしてポジティブにとらえ直していきましょう。**自分に対する認識がポジティブになることと、自己肯定感が高まることはイコールです。

自分の短所を書き出して、ポジティブにとらえ直してみましょう。

「ショックだった出来事」から、過去を見つめ直す

思春期の出来事は、**コンプレックスの原因**になりやすいことが知られています。ほんの些細《ささい》なことでも、大人になった自分の自己肯定感を下げる原因になっていることも少なくありません。

中学・高校時代は、まわりの目が気になり、**他人と自分を比べるクセ**がつきやすい時期です。そのため、この時期にショックだと感じたことは、心の中にずっと引っかかりとなって残りやすいのです。

無意識の中に沈んでいるそのわだかまりを解きほぐすために、まずは、**自分自身に「中学・高校時代にショックだった出来事は何だった？」と問いかけてみてください。**

「いつもと違う私服にチャレンジしたら、友だちに笑われた」「仲がいいと思っていた子に陰口《かげぐち》を言われていたと知った」「最後の大会でレギュラーになれなかった」「行きたかった高校の受験に落ちた」など、さまざまな出来事が浮かんでくると思います。

続いて、**「そうした経験が今の自分に及ぼしている影響はないか」と考えてみましょう。**

「あれ以来、チャレンジに消極的になった」「友だちにビクビクするようになった」「自分はダメな人間だという思いが芽生えた」「人前で発言するのがプレッシャーになった」など、具体的な影響が思い浮かぶ人もいるかと思います。

過去の出来事と、無理をしてまでしっかり向き合う必要はありません。**ただ「そういう出来事があってショックだった」と感じるだけでOKです。**

トラウマになっていたことの原因を見つけるだけでも、心の癒やしや過去の自分の受容につながっていきます。

改めてその出来事を思い出してみると、「今思えば、ほんの小さな原因だったんだな」と気づけることもあるでしょうし、事実を俯瞰できて、「当時はほかのみんなも、自分で精いっぱいだったのかも」「でもあれで部活を辞めたから、新しい友達に出会えたし」など、違う角度からとらえられることもあるでしょう。

そのように過去の出来事を前向きにとらえ直すことができたら、とてもラッキーです。自分や自分の人生に対する肯定感が高まっていくことが期待できます。

かつて「ショックだった出来事」を思い出してみましょう。

「恥ずかしかった出来事」から、過去を見つめ直す

また**思春期は、「恥」に敏感になる時期**でもあります。体が大人へと変化し、精神的にも自立しはじめるこの時期は、グループで行動することも多いため、まわりと自分を比較し、「恥ずかしいこと」「恥をかくこと」に非常に過敏になるのです。

「恥ずかしさ」から、他人と普通に会話することはもちろん、あいさつすらできなくなる人もいるほどです。それがひどくなると自意識過剰になり、「他人からどう思われているのか」「自分はどう見られているか」と他人の目ばかりが気になるようになり、自分の気持ちは二の次になります。つねに「恥ずかしくないように」という意識にとらわれるので、行動でも、自分らしさを発揮できなくなってしまうのです。

まわりの大人から「そんなことをして恥ずかしい」「みっともない」とたしなめられたことで、「恥」の意識を過剰に刷り込まれている人もいます。

一般的に、恥の意識は年齢とともに薄れていくのですが、中には「恥ずかしくならないかどうか」を行動の基準としたまま年齢を重ね、臆病な状態が続く人もいます。

「目立ったこと」が恥の記憶となっている人もいます。成績優秀な人、容姿がいい人、

モテる人、家柄のよい人などは、学校で自然に注目を集めます。恵まれているともいえますが、彼らの自己肯定感は思いのほか高くないことが多いのです。

だれもが自分と他人を比較する年頃なので、目立つことは嫉妬されることと引き換えで、仲間はずれなどの原因となることもあります。表面的な要素だけで評価される機会が多いと、「自分の内面を理解してもらえない」という気持ちにもなります。

そうした経験が続くと「目立ってもいいことがない、恥ずかしい」と自分を押し殺すクセがつきます。こういった人は「みんなと同じ」という**他人軸**の姿勢を好みます。

みなさんもここで一度、**「中学・高校時代に恥ずかしかった出来事」を思い出してみてください**。思い出すのは楽しいことではないでしょうが、そのような体験が、現在感じている「不自由さ」のもとになっている可能性は大いにあります。

過去の出来事を掘り下げてみて、**「そういうことがあったな」と素直に感じ、その「恥」をありのまま受け入れてあげてください**。それはありのままの自分を感じ、認めることとなり、自己肯定感を高めることにつながっていきます。

かつて「恥ずかしかった出来事」を思い出し、受け入れましょう。

036

「失恋の経験」から、過去を見つめ直す

自己肯定感をもてない、自分に自信をもてない、過度に人に気を遣ってしまうといったことの原因が、**恋愛**であることも少なくありません。

失恋の体験によって、自分の存在を全否定されたような感覚に陥り、生きる希望を失ったり、人生に意味を見出せなくなったりすることがあります。

特に恋愛至上主義になりやすい**思春期の失恋**は、大人の3倍以上のダメージがあるといってよいでしょう。「自分には価値がない」と思い込んだ経験により、自分を低く見積もるクセがつくと、その後の恋愛でも健全な関係を築きにくくなります。傷つきたくない思いが強くなり、だれも信用できなくなってしまう人もいます。

そうして大人になってからも恋愛や夫婦関係がうまくいかないと、それ以外の対人関係に影響が及ぶこともあります。恋愛は、他人と非常に親密にかかわる人間関係なので、ここで傷を負ったことが、本人も気づかないうちに、自己肯定感の低さにつながっている可能性があります。

みなさんも一度、**ご自身の失恋について見直してみる**といいでしょう。**つらかった**

ときの気持ちもあわせて、具体的に書き出してみてください。

「結婚直前に別れを告げられた」「二股《ふたまた》をかけられた」といった受け入れがたい経験をつづる人もいるでしょう。失恋そのものだけでなく、身内や友人に「たかが失恋でそんなに落ち込まなくても」などと軽くあしらわれたことがショックで自信を失った……などと打ち明けてくれる人もいます。

「今思えばたいしたことではないけれど、当時はかなり落ち込んでいた」という出来事がある人は、それもぜひ書き出してみてください。本人がさほど気にしていなくても、知らず知らずのうちに心の傷やトラウマになっており、現在の自分に影響を及ぼしているケースは少なくありません。

過去の恋愛体験を思い出したら、「つらかったね」「あのとき、すごくショックだったんだな」と**それを経験した自分の気持ちを理解してあげてください。**

つらかった失恋の経験を受け入れていく作業は、ありのままの自分を受容することにつながり、自己肯定感を高めることに役立っていきます。

失恋のつらさを思い出して、受け入れてあげましょう。

037

「挫折の経験」から、過去を見つめ直す

あなたが自己肯定感を高めるのを妨げている無意識のわだかまりを解きほぐすには、**挫折の経験を見つめ直してみる**ことも効果的です。人生における挫折の経験が、その人に劣等感を与え、自信や自己肯定感を失わせ、そののちの対人関係の悩みの原因となっていることもあるからです。

思春期に経験する失敗で代表的なものが、**受験での失敗**です。その人のキャラクターやその後の人生を大きく変えてしまうこともあります。

成績がよく、有名校に進学できると太鼓判を押されていたものの、受験本番で力を発揮できず、「滑《すべ》り止め」の大学に行ったという人の話をご紹介します。

自分より成績が悪かった同級生たちが、自分よりもよい大学に進学したことで、彼は強いショックを受けたといいます。その挫折が尾を引いて、入学後は無気力にすごしました。その結果、何をするにも消極的な性格になってしまい、「自分は肝心なときに結果を出せないダメな人間だから」と決めつけ、劣等感が強くなり、人間関係までうまくいかなくなったそうです。

就職活動での挫折も、人生に大きな影響を与えることが少なくありません。

不採用通知が届くたびに自分を否定されたような気持ちになり、それが長期間続いたことで、「自分は社会に必要とされない人間だ」と感じるようになった、という人もいます。努力を重ねたのに志望企業に入れなかったことで、その後の人生に希望がもてなくなり、目標のない覇気《はき》のない社会人になってしまったという人もいます。

挫折の経験から自己否定を続けていると、まわりの人からも自分が否定されているように感じはじめます。「みんなが自分をバカにしている」などと思い込むようになってしまうのです。他人に対して「見下されていないか」「どう思われているのか」という気持ちで接するようになるため、人間関係に苦痛を感じるようになります。

このように、挫折した経験は心に大きな傷を残すことがあります。しかし**その事実としっかり向き合い、もう一度前向きに人生をとらえ直す**ことで、本来の自分を取り戻し、復活することは十分に可能です。そうして自己肯定感をしっかりもてば、過去の挫折も「よい経験だった」とふり返ることができるようになります。


挫折した経験を思い出し、見つめ直してみましょう。

038

「反抗期に言いたかったこと」から、過去を見つめ直す

みなさんは、思春期に「反抗期」を経験しましたか？

反抗期の経験の有無は、自己肯定感にかかわってくる、とても重要なポイントです。反抗期とは一般的には、思春期に親の言うことにたてついたり、無視したりして、親との関係がギクシャクする時期を指します。心身が大きく成長することもあって、他人の視線に対して過敏になる時期でもあります。本人も理由もわからず不機嫌になったり、精神的に不安定になったりしがちです。

この時期は、精神的に大人になるための大切な過渡期といえます。親や周囲の大人に反発することによって、自分の生き方を模索し、葛藤を乗り越えて、子どもは自立していきます。

しかし、親が厳しかったり、過干渉だったり、子どもをコントロールするタイプだったりする場合、子どもは反抗する余地をもてません。何を主張しても感情的、あるいは論理的に否定され、自由な行動を認めてもらえないと、子どもは怒りや不安を自分の中に閉じ込め、親や社会に従順に生きていくようになります。反抗期に入るべき時

期にも、力ずくで押さえ込まれてしまうので、反抗することができないのです。

一見すると「いい子」なのですが、自分の意志や意見をもつことができず、**自分軸**を確立できないまま大人になってしまうことが少なくありません。

反抗期を経験しなかった人は、**「当時に戻って何でも言えるとしたら、どんなことを言いたいか」をぜひ考えてみてください。**

親に言えなかったこと、我慢していたこと、つらかったことがあれば、**ノートなどにどんどん書き出していってみましょう**。

「勉強ばかりさせられて、正直うんざりしていた」「期待ばかりされてしんどかった」「私のためとか言いながら、世間体ばっかり大事にしていたくせに」「親どうしのケンカばかりで、息が詰まりそうだった」などなど、いくつでもかまいません。

抑圧していた感情を解放するほど、「自分」を確立する助けになります。その過程を経てこそ、成熟した目線で、社会や大人を見ることができるようになるのです。

反抗期に抑圧していた感情を、ノートなどに書いて解放しましょう。

「印象的な出来事」から、過去の家族関係を見つめ直す

「人間関係の土台は、家族との関係によって作られる」ともいわれています。**家族と経験した出来事**も、自己肯定感の形成に大きく影響するもののひとつです。

みなさんもぜひ**「家族との印象的な出来事は？」と問いかけてみてください。**よい思い出が浮かぶのであれば、**それは自分が愛されていたことの証拠**となり、自己肯定感の原動力になります。

一方、嫌なこと、つらい記憶がよみがえってきた場合は、苦しい思いを我慢しながら育ってきた可能性があります。そうした人は、自分の気持ちを表現することが難しくなりやすく、今も親密な人間関係を築くことに困難を感じているかもしれません。

楽しい作業ではないでしょうが、**「どんな嫌なことがあったのか」を一度、具体的に思い出してください。**

「そのときどんな気持ちになり、どんなふうに苦しい思いをしたか」も書き出してみるといいでしょう。どんな気持ちだったかが思い出せない人は、**「こう感じていただろうな」と想像してみてください。**

例「両親がいつもケンカをしていて、嫌な気持ちだった。居場所がないと感じ、早くケンカをやめてほしいと願っていた。ケンカをしている両親は嫌いだった」

例「親が姉ばかりを可愛がっていると感じていた。私のことも大事にしてほしいと思ったし、私なんていなくてもいいのではと寂しかった気がする」

それまで問題だと感じていなかった事実に気づく可能性もあります。

「いい子」として育った人の多くは、親やきょうだいのことを悪く思わないよう自分の気持ちをコントロールしているので、自分の感情を口にすることをためらうこともあるでしょう。

これまでも述べたように、**「そういうことがあったんだな、つらいと感じていたんだな」と受け止めるだけでかまいません。**その作業を行うだけで、心の奥に引っかかっていた気持ちからの解放が始まり、自己肯定感を高める助けになります。

「家族との印象的な出来事」を思い出し、書き出してみましょう。

040

「どんなお母さんだった？」から、過去の家族関係を見つめ直す

子どもが自己肯定感を育むにあたって、最大の影響を及ぼすといっても過言ではないのが、**母親**の存在です。

母親は多くの場合、子どもの人格の基礎が作られる幼少期に、最も密接にかかわります。人間関係のベースを作るうえで、特に大切な人物です。

ここでは自己肯定感に影響を及ぼしやすい、代表的なお母さんのタイプをご紹介します。

❶ 感情的なお母さん

急に機嫌が悪くなる、突然ふさぎ込むなど、感情のアップダウンが激しいタイプです。このような母親に育てられた子どもは、つねに「お母さんに怒られないように」という基準で言葉や態度を選ぶようになります。母親が機嫌のいい状態でいられるよう、愚痴《ぐち》の聞き役になったり、迷惑をかけないようふるまったりもします。

まわりの人の「感情」に敏感に反応しやすくなるので、人づき合いでもふり回され

やすく、過度に気を遣って疲弊します。

このタイプの中には、娘の若さや才能、容姿に「嫉妬」の感情を抱く母親もいます。特に母親自身が我慢を強いられる人生を送っていると、自由にふるまい、羽ばたこうとする娘に、嫉妬からヒステリックな感情をぶつけてくるケースも見られます。

❷過干渉なお母さん

子どものことに何でも口を出し、自分や価値観や考え方を押しつける母親です。教育熱心な母親に多く見られ、中には子どもを所有物のように扱い、支配的になってしまう人もいます。

このような母親に育てられると、自分の意志をもてない子どもになりがちです。窮屈で不自由な世界で生きているような感覚に陥り、自分の感情を押し殺すようになります。本人も自覚がないまま、無意識に「お母さんが喜びそうな答え」を選ぶクセがつき、思春期以降も母親との心理的な境界線がない状態が続くこともあります。

❸心配性なお母さん

自分に自信がなく、つねにオロオロと不安や心配を覚えているタイプの母親もいます。子どもが病気にならないか、学校でいじめられないか、ちゃんとした大人になってくれるかなど、心配が尽きないので、過保護にもなりがちです。

そのような母親のそばにいる子どもは、お母さんを支えようと、「しっかりした子」になることが多くなります。自分を後回しにしてでもお母さんのことを気にかけ、話を聞いてあげて、安心させるために励ましたり、笑わせたりもします。

一見、円満に見える親子関係ですが、子どもは母親を不安にさせないために「ちゃんとすること」を優先し、自分の気持ちや意志を隠すようになっていきます。そのため、大人になっても自分の気持ちをうまく表現できなかったり、「自分さえ頑張れば」とひとりで背負い込んで疲弊したりすることが多くなります。

❹ かまってくれないお母さん

子どもとうまく接することができず、つい冷たくしてしまったり、突き放してしまったりする母親もいます。こうしたタイプは多くの場合、仕事やキャリアへの未練があったり、人生に強い不満や後悔があったり、やりたい趣味にのめり込んでいたりして、子育てを優先できない事情を抱えています。

しかし子どもはそのような事情がわからないので、「自分は嫌われている」「好かれていない」と思うようになり、ひどくなると母親に話しかけることすら躊躇《ちゅうちょ》するようになります。つねに寂しさがつきまとい、母親の顔色をうかがうクセがつきます。

母親との心理的距離が遠かったことが影響して、大人になってからも他人と距離を取りがちになり、「人と親しい関係の作り方がわからない」「フレンドリーな会話が苦手」といった悩みを抱えるケースが多く見られます。

みなさんのお母さんは、どのような人でしたか？
みなさんは子どもの頃、お母さんにどんなふうに接していましたか？

それを思い出すことで、人間関係の悩みの原因がわかることもあるでしょう。大人になったことで、母親をひとりの人間として客観的に見られる部分もあるかもしれません。**「そういうお母さん」として受け止め、心の線引きができるようになる**と、自己肯定感を下げていた要因がなくなります。

母親との関係を見つめ直してみましょう。

041

「どんなお父さんだった?」から、過去の家族関係を見つめ直す

父親との関係が、その後の人生や自己肯定感に影響を及ぼすケースもありますので、**父親との関係を見つめ直してみるワーク**にも効果が期待できます。

たとえば言葉遣いやマナーに厳しく、勉強や習いごとでも結果を出すことを求め、期待どおりの成果が出せないと叱責するような父親は、子どもの目に「怖いもの」として映ります。中には、母親に対して「お前がちゃんとしないからだ!」などと怒鳴りつける父親もいますが、その際、子どもは自分が怒られているのと同じ衝撃を心に受けてしまいます。

手をあげたり、家の外に出したりといった体罰を行う父親、酒乱の父親などの場合は、より深刻です。そうした父親の前では、子どもはつねに萎縮し、相手の機嫌をうかがい、怯えながらすごすようになります。社会に出てもそのクセが抜けず、気持ちをうまく表せない、あるいはまわりに気を遣いすぎる大人になりかねません。

父親は一般的に、家庭内で「権威」を象徴する立場にあることが多いため、**目上の人との関係性にその影響が表れてきやすい**ことも知られています。父親との心理的な

距離が遠い人は、年配の上司との関係に悩むことが多かったり、社会や人に対してビクビクし、自信をもちにくかったりという傾向が見られます。

また、浮気をする父親や、家庭を顧《かえり》みない父親をもった娘の場合は、根深い男性不信をもったり、男性から愛されることに自信をもてなかったり、といった影響が見られることもあります。

一方、父親に愛された実感があり、心理的距離が近い人は、「自分は愛されている」というセルフイメージをもてているため、自己肯定感をしっかり育めていることが少なくありません。会社や組織の中でも可愛がられる存在になりやすいですが、一方で、「長いものに巻かれやすくなる」という側面もあります。

みなさんのお父さんは、どのような人でしたか？
みなさんは子どもの頃、お父さんにどんなふうに接していましたか？

今の自分の悩みを作り出した原因が家庭環境にあることは少なくありませんので、ぜひさまざまな観点から見つめてみてください。

父親との関係を見つめ直してみましょう。

「感情を吐き出す」ことで、心の余裕を取り戻す

生育環境や家族との関係が、自己肯定感に影響していることがわかったら、次は**感情を吐き出して、心の余裕を取り戻すワーク**に取りかかりましょう。

まずは、**心の中に溜《た》まっている「あの人」への思いを吐き出す**ことから始めます。これを**感情の解放**と呼びます。

「あの人」は母親かもしれませんし、父親、先生、あるいは同級生かもしれません。これまでのページで思い出した人を中心に考えてみてください。

自己肯定感が低い人は、人づき合いが苦手で「人との間に壁を感じる」という場合が少なくありませんが、**この「壁」の正体は、心の中に溜まっているネガティブな感情です**。心に鬱積《うっせき》しているネガティブな感情を吐き出すことで壁がなくなると、人づき合いにもよい影響が出ることが期待できます。

今までは、不快なことを言われると相手との間に完全に壁を作り、一方的に関係を切ってしまっていた人でも、心に溜まっていた感情を吐き出せれば、壁を作る必要がなくなり、「あの言葉が嫌だった」などと素直に気持ちを伝えやすくなります。そう

すると相手も謝罪の機会をもてるので、仲直りできる可能性も生まれてきます。

みなさんも、**今まで心の外に出してこなかった感情を、思いきりノートに書き出してみましょう**。「〜が許せない！」「もっと〜してほしかったのに！」「〜されて悲しかった」「〜が苦しかった」「〜してごめんなさい」などを意識してみてください。**多少大げさかなと思うくらいの表現**のほうが、感情の解放効果が期待できます。

何も浮かばない人は、「言いたいことが浮かばない。ずっと我慢してきたからかな」などと、**今の思いをそのまま書き出すだけでかまいません**。そのうちに「そうだ、あのときも我慢していた。本当は聞いてほしかった」など、少しずつ本音が出てきます。

相手に話しかけるような文体で、**出さない手紙**として書いてみるのもいいでしょう。怒りをうまく表現できない人には、**御恨《おうら》み帳**という専用ノートを作って感情を吐き出し、最後に**お焚《た》き上げ**として処分してみるのもお勧めです。

ポイントは、**ある程度スッキリするまで書きつづけること**。それが、自己肯定感を高める次のステップに進むための手助けになります。

「わだかまりを感じる人」への感情を書き出し、スッキリしましょう。

043

「感情的理解」を通じて、過去への気持ちを整理する

溜め込んでいた感情を解放したら、**次はその感情を抱いていた相手の気持ちに「共感」し、そして「許し」につなげるワーク**を行っていきます。

具体的には、思いを書き出してスッキリした「あの人」に対し、今度は**相手の立場になって感じてみる**のです。

たとえば、「自分も同じ立場だったら、同じように感じたかも」「仕事が大変で、心に余裕がなかったのだろう」「あの子も自信がなかったから、攻撃してきたのかも」「愛情をうまく注げなかっただけで、悪気があってやったわけではない」など。

大切なのは、なぜ「あの人」がそんなことをしたのかを**感情的に**理解してみる、という点です。大人になると「頭」で考えて相手を理解することができますが、その力は封印して、**意識的に感情的理解に努めてみてください**。すると次第に、「つらかっただろうな」「しんどいよな、わかるな」といった**共感の思い**があふれてくることが期待できます。人によっては、涙が出てきてしまうこともあるかもしれません。

自分につらい、寂しい、怖いといったネガティブな感情を抱かせた「あの人」の人

生に思いを馳《は》せ、その気持ちに寄り添い、共感をしていくと、相手の気持ちが伝わってくると同時に、なぜそういう態度を取ったかが理解できるようになっていきます。

そうなると、「責められないな」「一生懸命だったのだろう」といった**許し**の感情がきっと湧き起こってくるはずです。

結果、「つらかったけど、あのことがあったから自分は頑張れた」「結果的には自分の成長の糧《かて》になったな」など、「あの人」が人生に及ぼしたポジティブな影響を見つめられるようにもなることが期待できます。

まずは10個程度、「あの人に対して感謝できること」を書き出してみるとよいでしょう。そうすることで、心の底から「ありがとう」という思いが湧き上がってきたら、許しの作業は完了です。

一度で足りなければ、何度でもこの作業をやってみてください。**より具体的に、100個程度まで書いてみる**のもお勧めです。そのときには、人生に対してかなり前向きになっている自分がいることに気づけるはずです。

「わだかまりを感じる人」の立場に立ち、その感情を感じてみましょう。

044

心の中の母親との対話を通じて、「真実」を変える

思春期に反抗期がなかった人や、母親との関係に悩みが多かった人は、**母親の関係を集中的に見つめ直す**時間を作るといいでしょう。106~109ページと同様の過程ですが、重要な対象なので、より具体的なプロセスをご紹介します。

❶母親に対して正直に感じている気持ちを書き出す（怒りも寂しさも愛情も）。
❷母親に対して我慢していたこと、犠牲にしていたことを書き出す。
❸母親に対して言えなかったこと、母親のせいでできなかったことを書き出す。
❹母親に感謝できることを書き出す。
❺母親が母親でよかった理由を書き出す。
❻母親に感謝の手紙を書く。

まずは❶~❸を通じて、お母さんに対して抱いているネガティブな感情を思いきり吐き出し、解放する作業をすることが大切です。

ネガティブな感情を吐き出すと、少しラクな気持ちが顔を出しやすくなるので、❹〜❺に取りかかりましょう。「仕事をしながらの毎日の送り迎え、今思えば大変だっただろう」「行事には来られなくても、早起きしてお弁当を作ってくれていたな」など、書き出していくうちに温かい愛情がよみがえり、感謝の思いが湧いてくることが期待できます。最後にその思いを、❻のように手紙にしたためてみましょう。

一連のワークを終えると、「お母さんが厳しかったから勉強を頑張れて、今の仕事に就けた」といったふうに、母親がそのような人物だったからこその成長や学びなど、ポジティブな側面にも目を向けられるようになります。

過去の「事実」は変わらなくても、解釈の仕方を変えると、「真実」は変わります。過去に対してポジティブな見方ができるようになり、「このお母さんのもとに生まれてきてよかった」と思えるようになることは、すなわち「今の自分でいい」という安心感や自信につながり、自己肯定感を高めることに直結します。

母親への否定的感情を吐き出したうえで、感謝できないか試しましょう。

045

「愛」にフォーカスすることで、罪悪感を手放す

42〜49ページを読んで、「自分も**罪悪感**が強いタイプかもしれない」と感じた人には、**愛にフォーカスをするワーク**が役立つでしょう。

私は、**罪悪感は愛の量に比例する**と考えています。

たとえば、子どもに何かあったとき、多くの親は「私のせいで」と強い罪悪感を覚えるものです。恋人と別れたあと、「自分のせいで相手に深い傷を残してしまった、自分はもう幸せになるべきではない」と自分を責める人もいます。

愛が強いからこそ、罪悪感を覚えてしまう。つまり、**強い罪悪感の裏には、それだけ強い愛情がある**のです。

そして、愛情から行っていた行動が、仮に望んでいたような成果を生まなくても、「けっして間違いではなかったのだ」と**その価値を認めてあげることで、罪悪感を軽くすることができます**。

ある女性の例をご紹介します。幸せになれない恋ばかりしていた彼女は、「自分は幸せにはなっていけない」「幸せになる資格がない」と思い込んでいる様子でした。

じつは彼女は子どもの頃から、両親のケンカや母親が泣く姿を頻繁に目にしており、「自分は両親を助けられない、母親を笑顔にできない存在なのだ」と、自分を責める気持ちをもつようになりました。その影響から、潜在意識に「自分は人の力になれない、助けになれない」という強い罪悪感を抱えつづけていたのです。

私は、「彼女は両親を深く愛していたからこそ頑張っていた」という事実を、丁寧にお伝えしました。「思うように仲直りをさせられなかったとしても、愛していたからこそ助けたかったのだ」と気づけたことで、彼女は自分自身を許し、自分が幸せになることを許可できるようになりました。彼女が幸せになることは、彼女を育てた両親の喜びや誇りとなり、両親も助けることにもつながっていきます。

このように、愛とつながることで、私たちは罪悪感を癒やすことができます。

罪悪感の原因と思われる出来事があれば、ぜひ「その裏には愛があったのではないか」という視点でふり返ってみてください。それによって自分に許しを与えることができれば、それは自己肯定感を取り戻すことにつながっていきます。

自分の感じる「罪悪感」の裏に、「愛」がないか探してみましょう。

046

「私は無罪」のアファメーションで、罪悪感を軽くしていく

罪悪感を癒やし、自分を許すためには、**アファメーション**という方法も非常に有効です。「肯定的暗示」と訳されるもので、**何度も声に出してみることで、徐々に潜在意識にその言葉が届き、効果を発揮してくれます。**

ここでは、**無罪宣言**をご紹介します。

何度もくり返し言葉にしているうちに、気がつけば心が落ち着き、不思議と安らかな気持ちになります。ぜひ、声に出して何度も言ってみてください。

私は私を許します。
私は無罪です。
私の罪はすべて許されました。
私は牢屋の扉を開け放ち、自由に空を飛び回ることができます。
私は私を愛します。
私はもう無罪です。

罪悪感をもっている人は、これまで自分を許せず、自分を牢屋に叩き込んで、罰を与えつづけてきました。そこから解き放ち、「自由に空を羽ばたいていいんだよ」という許可を与えていくのが、このアファメーションの目的です。

罪悪感が強い人がこの宣言を口にすると、涙があふれてくることもあるでしょうし、「私は無罪です」という言葉で詰まってしまうことも予想できます。

だからこそ、アファメーションは**できるだけ淡々と、あまり感情を込めずに言う**のがお勧めです。思いを込めて読んでしまうと感情が動きやすくなり、心がこの言葉に反発して、葛藤が生まれやすくなります。お経や祝詞《のりと》を読み上げるようなイメージでやってみるといいでしょう。

このワークをコツコツと何度も続けていると、罪悪感から解放され、心が軽くなり、自分を責めることが少なくなっていきます。それに合わせて、自己肯定感も高くなっていくことが期待できます。

「私は無罪」と淡々とくり返すだけで、罪悪感を軽減できます。

047

「過去の自分にマルをつける」ことで、自分を肯定する

過去の自分にマルをつけてあげることは、自己肯定感を高めるための、即効性の高い方法です。

自信は「**経験×自己肯定**」という方程式で成り立っている、と私は考えています。どれだけすばらしい経験をしても、まわりがどれだけあなたを認めていても、それを自分が認め、そして受け入れてあげなければ、自信を得ることはできません。

どんな経験でもいいので、**自分に関する事象に対して「本当によく頑張った！」と言ってあげてください**。

思い返せば必ずあるものですが、具体的に頑張ったことが自分では思い浮かばないという人は、88〜105ページでふり返った過去の経験に対して言ってあげるのがお勧めです。

「お母さんの愚痴を本当にたくさん聞いてあげていたね、よく頑張った！」
「親の期待に応えたくて、たくさん勉強して大学に入ったね、すごいよ！」
「あの頃は自分の仕事も大変だったのに、恋人をサポートして偉かったね」

「仲間のために部長を引き受けて、大変だったね、本当によくやったよ」

このように**具体的な過去の経験に対して「頑張ったね！」と言いながら、心の中でマル（◯）をつけてあげるイメージをもつ**とよいでしょう。

ここで挙げる経験に、**結果はともなっていなくてもかまいません**。

希望どおりの結果になっていなくても、期待に応えようとしたこと、一生懸命にだれかの力になろうとしたこと、自分を犠牲にしてでも努力をしたこと、それらはとてもすばらしいことです。

「もっとうまくやれたな」と思うことがあっても、「自分なりにベストを尽くしたし、ＯＫ！　ＯＫ！」と自分に言ってあげましょう。

完璧さを求めてもキリがありません。できたところを見つけてマルをつけてあげたり、「ＯＫ！」と言ってあげたりしてください。

過去の経験やそのときの努力、頑張りを認めてあげることとは、自分に対する自信が増すことにつながり、**自分軸**で生きる力を与えてくれることでしょう。

過去の経験を思い出し、そのときの自分に「マル」をつけましょう。

048

「愛されている証拠」を見つけられれば、自分の価値に気づける

「自分は愛される価値がある」「無条件で愛されるにふさわしい存在だ」と思えるようになることは、さまざまなつらい感情から解放され、自己肯定感を高めることにつながります。

自己肯定感の低い人は「子どもの頃から愛されたことがない」「恋愛や友情でうまくいったことがない」といった思いを抱えがちです。いつも気を遣い、場の空気を読んで頑張っていると、愛されている事実を忘れてしまうことも少なくありません。

しかし、**人はだれしも、だれかに愛されながら生きています。**その事実を知るためには、**「愛されている」「愛されてきた」という証拠集め**が有効です。

今まで出会った人、今まわりにいる人たちを思い浮かべてみてください。

その人たちとのかかわりの中で、優しくしてくれた、助けてくれた、見守ってくれた、お世話をしてもらった、つながりを感じられたといった出来事を思い出し、**愛された証拠探し**をしてみましょう。

相手は必ずしも身近にいる親や兄弟姉妹、恋人や友人とは限りません。塾の先生か

もしれないし、会社の先輩かもしれないし、近所の商店街の店主だったり、遠方に住む親戚だったりもするでしょう。

内容も、些細なことでかまいません。「転校初日に話しかけてくれた子がいた」「失恋した夜に友だちが一緒にいてくれた」「大学に落ちたとき、先生が熱心に励ましてくれた」「バーのマスターが悩みを聞いてくれた」など、人生をふり返ってみると、自分に愛情を注ぎ、サポートしてくれていた人がいたことに気づけるはずです。

こういった事実を書き出していくと、「私は愛されてきた」「私はひとりぼっちじゃなかった」「私には愛される価値がある」というメッセージが心に届くようになります。

このワークは一度やってみるだけでも効果がありますし、**何度かくり返していくと、潜在意識に刷り込まれている「自分は愛されていない」という前提が、「愛されている」に変わっていく**ことが期待できます。

自分の前提が「愛されている、その価値がある人間」に書き換わることで、自己肯定感が高まり、人生も変わっていくのです。

「だれかから大切にされた経験」を思い出し、書き出してみましょう。

049

友だちや大切な後輩のように、自分に声をかける

自己肯定感を高める、つまりありのままの自分を認めるには、**今の自分を受け入れることが**不可欠です。

それは**不完全で不器用で、思いどおりにならない自分の気持ちを、否定することなく、ただ受け入れる**ことです。できないことをできないと認め、わからないことをわからないと認めることでもあります。

たとえ「こうするべき」「こうしたい」と頭で思っている考えどおりに行動できない自分がいても、**そんな自分にダメ出しをするのではなく、寄り添い、味方になってあげる**のです。

自分を責めつづけてきた人は、「それができれば苦労しない」と思うかもしれません。でももし、相手が大切な友だちや恋人だったら、不器用でも、ダメなところがあっても、優しく認めてあげられるのではないでしょうか。今度はそれを、自分自身に対してしてあげてほしいのです。

つらいときは、「つらいんだね」と認めてあげることが、まず何よりも大事です。

自分がその気持ちを否定して隠してしまったら、だれもその気持ちに気づけません。

「つらい」と言っている大切な友だちに接するように、優しくしてあげてください。

自分が自分の友だちになり、つらいと感じている自分を抱きしめてあげるのです。

どうしても自分の気持ちを認めてあげることが難しいと感じる場合は、**仲のいい年下の後輩が自分と同じことをしたら、何と言ってあげるか**を考えてみてください。そして、**それとまったく同じ言葉を、自分にかけてあげてください**。

たとえば、自分ではなく後輩が仕事でミスをしてしまったならば、「ちゃんと頑張ったんだから大丈夫だよ。ベテランでも難しいことだし、あの場を緊張せずに乗り切っただけですごいことだし、1年目としては十分にできていたよ」などと、できた部分にフォーカスして、肯定してあげられるのではないでしょうか。

それをぜひ、自分自身に言ってあげてほしいのです。

不完全で不器用な自分を認めてあげて、大切な友だちのように優しくし、味方になってあげる。それはそのまま、ありのままの自分を受け入れることにつながります。


自分にダメなところがあっても、後輩だと思って優しく声をかけましょう。

050

「私は私、人は人」のアファメーションで、「自分軸」を意識する

アファメーションには、自己肯定感に直接はたらきかける言葉もあります。それは**「私は私、人は人」**という言葉です。

自己肯定感が低く、**自分軸**が弱い人は、自分と他者との境界線が曖昧《あいまい》で、他者の言動やまわりの思惑など、自分以外の存在にふり回されて疲弊しがちです。

そんなとき、**健全な境界線を引いて自分軸を強化する**ために有効なのが、「私は私、人は人」のアファメーションなのです。

口に出して呪文のようにブツブツとつぶやくことで、自己暗示の効果が高まります。まわりに人がいるときは、目を閉じて、胸に手を当てて心の中で唱えてみてください。ネガティブな感情や思考の暴走をストップすることにも効果がありますので、落ち着くまでくり返してみるとよいでしょう。

あなたをふり回す特定の人物がいる場合は、**具体的な名前を入れたアファメーション**もお勧めです。「私は私、お母さんはお母さん」「私は私、彼は彼」「私は私、部長は部長」「私は私、妻は妻」などとつぶやいてみると、より意識的に相手との間に線

を引くことができるようになります。

この言葉を発することで、どこか寂しいような、申し訳ないような気がしたら、それはあなたとその人の距離が近すぎる証拠です。**他人軸**になりやすい状態なので、**そのように感じなくなるまで、何度もつぶやいてみる**とよいでしょう。

アファメーションをつぶやくタイミングを決めておくのも効果的です。ドライヤーをかけるとき、お風呂で、通勤中の電車で、お皿を洗うとき……などと日常的な習慣にしていくと、どんな人でも、3週目くらいから変化を実感できるはずです。

「習慣行動を始めたら、自然につぶやいてしまう」くらいになれば、自分にインストールされた証拠です。次第に感情や行動、思考パターンの中に「私は私」という自分軸が確立され、意識内に「自分は」という言葉が増えていきます。

その結果、「自分はどうしたいのか？　どうするのか？」と主体的に行動を選べるようになっていくことが期待できます。他者にふり回され、自分を否定してしまいがちな自分にくり返し自己暗示をかけ、自己肯定感を高めていきましょう。

「私は私、人は人」とくり返すだけで、「自分軸」を強化できます。

051

「嫌われてもいい」のアファメーションで、自分を取り戻す

次なるアファメーションは、**「人に嫌われてもいい」**という言葉です。

この言葉を20回ほどつぶやいてみてください。どんな気持ちがするでしょうか？

気分が軽くなるのであれば、この言葉が役立つはずです。**毎日意識的に30〜50回ほどつぶやいてみる**とよいでしょう。

もしこの言葉に抵抗を感じるならば、「人に嫌われたくない」と思うに至った心の傷がうずいていると考えられます。

そういった方はまず、**「人に嫌われると困ること」をできるだけ書き出してみてください**。「職場で孤立してしまう」「ひとりぼっちで毎日が退屈になる」「困ったときに助けてもらえなくなる」など、それ以上浮かばないところまで挙げてみましょう。

それが終わったら、**すべての内容に対して、ひとつずつ「なぜそう思うの？」「なぜそうなることを知っているの？」という問いを自分自身に投げかけていきます**。

すると、過去に自分が「嫌われた」と感じたつらい経験や、そういう目に遭《あ》っている人を見聞きした経験が、脳裏に浮かんでくることと思います。

「嫌われたくない」と強く思うに至った経緯や傷がわかってきたら、それをブログにつづってみたり、親しい人やカウンセラーに話したりしてみるといいでしょう。

「**話すことは、放すこと**」といわれるように、つらい記憶はだれかに共感してもらえることで、かなり解消されていきます。

「人に嫌われてもいい」というアファメーションに加えて、**「〜しても大丈夫」**と言い換え作業をしてみるのもお勧めです。「職場で孤立しても大丈夫！」「ひとりぼっちで毎日が退屈になっても大丈夫！」「困ったときに助けてもらえなくても大丈夫！」などと言ってみるのです。これは効果の高い方法ですが、かなりインパクトもあるので、抵抗がきついと感じる場合はやめても大丈夫です。

「嫌われたくない」という気持ちを手放せると、「嫌われても大丈夫」という思いが出てきます。嫌われることへの恐れが薄らいでいき、最終的には「嫌われる」という発想そのものがなくなっていきます。「**他人がどうあれ、自由に、ありのままの自分でいていいんだ**」と感じられたら、それは自己肯定感がよみがえってきた証拠です。

「嫌われてもいい」とくり返せば、自分自身を肯定できるようになります。

052

「ほめられたこと」を思い出して、自分の価値を見直す

みなさんは、最近、人からほめられたことはありますか？

ほめられたことを思い出すワークも、自己肯定感を高めるのに効果があります。

自己肯定感が低い人は、つねに自分のダメなところを探すクセがあります。それだけではなく、人からほめられたり、認められたりしても、うまく受け止めることができません。そうした言葉に少しでも否定や批判のニュアンスがあれば、そちらにばかり意識をフォーカスしてしまいます。

中には、ほめられたことを覚えてすらいない人もいます。自己肯定感が低いと、「自分をほめる言葉」は無意識に聞き流してしまい、「自分を責める言葉」だけを受け止めていることも珍しくないのです。

ある女性のケースをお話しします。彼女の上司は、いつも「仕事が丁寧だ」「資料を上手にまとめる」「身だしなみがちゃんとしている」「よく気がついて先輩のフォローもやってくれる」などと、日頃からいろいろと彼女をほめてくれていました。

しかしあるとき、その上司が「もう少し仕事が早くできれば、言うことないんだが」

とポロっと言ったのです。以来、彼女はこの言葉が頭から離れなくなってしまい、それまでほめられて嬉しかった気持ちが、すべて吹き飛んでしまったといいます。

上司に悪気がなかったことは、彼女自身もわかっていました。しかし彼女は、自己肯定感が低かったために、上司が言ったひと言に執着し、自分を責めてしまっていたのです。

このように自分を否定する言葉ばかりに意識を向けていれば、当然、自己肯定感は低くなってしまいます。

そこで、**意識的に「ほめられたこと」にフォーカスをしてみる**のです。

「ほめられた記憶なんてない」という人も、それは自己肯定感が低いゆえに、あなたを肯定してくれた言葉を、無意識にスルーしてしまってきただけかもしれません。

最近のことでも、昔のことでもかまいません。**「そういえば、あのとき、ほめられていた」という出来事を、どんどん思い出してみましょう**。それは、自分が決めつけていた「自分の価値」を見直すことにつながるはずです。

「だれかからほめられた経験」を思い出し、書き出してみましょう。

053

「まわりの人の魅力」は、「あなた自身の魅力」

自分の価値を知るには、**周囲の人の魅力に目を向けてみる**ことも役立ちます。

「自分のまわりには、どんな価値や魅力をもった人たちがいるか」について、思いつく限り書き出してみましょう。

「優しくて細やかな気遣いができる」「チャレンジ意欲が旺盛《おうせい》で輝いている」「ユーモアがあって面白い」「仲間思いでリーダーシップがある」などなど、さまざまな言葉が出てきたかと思います。

じつはそれはとりも直さず、**あなた自身の魅力**、つまり**あなたの価値**なのです。

心理学では、「人は自分のフィルターを通して世界を見ている」「自分の心の中にあるものを外の世界に映し出している」といわれています。

これは、**私たちは自分にない魅力には気づけないし、評価することができない**ということです。専門的には**投影の法則**と呼ばれます。

「まわりの人が優しい」と思えたなら、あなたの中にも優しさがある、といえます。

自分の中にもチャレンジしようという精神があり、そのすばらしさを知っているからこそ、チャレンジ意欲が旺盛な人を評価してあげられるのです。

「そんなことはない、まわりの人が素敵なだけだ！」と否定する人もいるかもしれません。しかしそう感じてしまうのは、自分自身の価値や魅力をあなたが認められていないから、あるいは、認めたくない自分がいるからなのです。

ぜひ「今の自分はそう思えないけど、そういういいところもあるのかもしれないなあ」くらいに受け止めてみてください。

また、**「自分がどんな人に憧れるか」についても書き出してみる**といいでしょう。

そこに書き出された人物は、**あなたの魅力**を象徴する人物です。

憧れの人とは、つまり「あなたの中にある魅力や価値という輝きを、さらに磨いた人」だといえるのです。

このようなワークを通じて、自分の価値を自覚できるようになるほど、**自分軸**は確立され、自己肯定感は高まっていきます。


まわりにいる人の魅力を書き出してください。それがあなたの魅力です。

054

「したいこと」「したくないこと」から、自分と向き合う

続いてご紹介するのは、**「したいこと」「したくないこと」のリストアップ**です。

相手の気持ちや周囲の空気を**他人軸**で考え、それを優先させてばかりいる人には、心の底から楽しむことが苦手な人が少なくありません。

ひとりの時間にも、「こう言えばよかったかな」「自分の何がいけなかったのかな」と相手ありきの「ひとり反省会」をくり返しているので、自分の「したいこと」と向き合う時間が取れません。

その結果、自分は何がしたいのか、わからなくなりがちです。

そうしたクセをなくすためにも、**まずは「したいことリスト」「好きなものリスト」を作ってみましょう**。食べ物、場所、アイドル、ファッション、旅など、何でもかまいません。

これは、できるだけたくさん書き出していくことが大切です。まずは30個、書き出してみるといいでしょう。私はよく**「年齢×10個」書き出す**ことをお勧めしています。**1日に10個ずつ、などと決めてつづっていくのもいいでしょう。**

たとえば30歳の方であれば、1か月かけて毎日「自分の好きなものは何？　したいことって何？」と考えることになり、これが習慣になれば、**自分軸**でいられる瞬間が確実に増えてくるはずです。

また同時に**「嫌いなこと」「やりたくないこと」も書き出してみる**とよいでしょう。

それによって、「嫌なことに囲まれる人生になっていないか」を確認できて、好きなものと嫌いものの区別が明確になります。生きるうえでは**「嫌なことをしない！」という覚悟**もとても大切です。

これらのワークは、自分にとって嫌なことを遠ざけ、好きなことやしたいことをする生き方を実現していくためにとても役立ちますので、ぜひ取り組んで、自分と向き合う習慣をつけてください。

意見を求められた際、いつも「何でもいい」「あなたの好きなものでいいよ」と答えていた人でも、次第に「私はこれが好きかも」「私はこうしたいな」と自分軸で考え、発言できるようになっていきます。

「したいこと」と「したくないこと」のリストを作りましょう。

055

「笑顔になれること」を続ければ、「自分軸」が確立される

続いては、**自分が笑顔になれること**に取り組むワークです。これはとらわれている**罪悪感**を軽くし、ひいては自己肯定感を高めていくことに役立ちます。

「自分が笑顔になれることをしよう」という提案は、「自分を愛すること」と同義ですが、「笑顔」という具体的なもので考えたほうが思い浮かびやすいはずです。

まずは、**「自分は何が好きかな」「何があったら、笑顔になれるかな？」と、自分に問いかけてみてください。**そして**目に見える形で、できる限りたくさんのことをリストアップしてみましょう。**内容は以下のような、些細なことでかまいません。

例①　ひたすら好きな漫画を読む。
例②　チョコレートを食べる。
例③　行ってみたい国の旅行プランを立てる。
例④　家で映画を見ながらゆっくりする。
例⑤　評判のレストランで食事をする。

最初は思いつかないかもしれませんし、葛藤が強く出るかもしれません。罪悪感が強い人の中には、「自分は笑顔になる資格がない」と強く思い込んでいる人もいます。あるいは、具体的に思い浮かんでも、「自分がこんなことをしていいのだろうか」と感じてしまったり、実際にやってみたら「やってはいけないことをやってしまった」と再び罪悪感に襲われたりすることもあるかもしれません。

それでも、自分が笑顔になれることを続けていくことが大切です。続けていくことで、少しずつ**無意識に根づいた罪悪感が消え失せていく**ことが期待できます。

加えて、自分が笑顔になることをすることは、自然と**身近な人たちも笑顔にすることにつながります**。あなたが笑顔を取り戻していけば、あなたの幸せを願ってくれている人たちも安心し、喜んでくれるのです。つまり、自分が笑顔になることに積極的に取り組むことは、自分だけでなく、まわりを愛することにつながります。

そのとき、あなたの気分もとてもいいはずです。**自分の機嫌を自分で取れていること**になり、**自分軸**に立てている証拠だといえるでしょう。

「自分が笑顔になれること」をリストアップし、続けましょう。

「夢」や「目標」を設定すれば、自分の成長を感じられる

130ページの**「したいこと」リスト**の内容を参照しながら、今度は**この1年でかなえたい夢**も書き出してみましょう。

「長年やってみたかった南米旅行を実現させる」「この1年で絶対に結婚する！」といった大きな夢でもいいですし、「資格試験に挑戦する」「ジムに行って健康的な体になる」「料理上手になって、恋人にふるまう」「新しい趣味を見つけて、友人を作る」といった日常に関することでも、何でもかまいません。

それが定まったら、次は**具体的な目標として設定**していきます。

ポイントは、**その文章を見るだけでワクワクしてくるような目標を立てる**こと。効果的な目標の立て方には2タイプあるので、自分に合ったほうを採用してください。

ひとつは**❶目標設定型**。結果や数値などを設定し、そのプロセスを達成することに喜びを感じられる人に向いています。「TOEICで800点を出す」「1年で5人の人と知り合う」といった**具体的な数字**を織り込んでいきましょう。

もうひとつは、**❷天命遂行型**。先々の目標を立てるより、目の前のことを一生懸命

やるほうが得意な人に向いています。こちらに当てはまる人は、「語学を上達させて、外国の友人に会いに行く」「大好きだと思える素敵な人に出会い、理想のプロポーズをされる！」といった**感覚的な目標**を立てるといいでしょう。

目標が定まったら、スケジュール帳を用意してください。

❶目標設定型の人は、**定期的な中間目標**を定めてみてください。たとえば、3か月後に「レッスンで上級クラスに行く」、6か月後に「1回目のTOEICを受ける」など、具体的な内容をその月に書き込んでおきましょう。

❷天命遂行型の人は、**頑張る自分を見守り、やる気にさせるような言葉**を書き込むのがお勧めです。たとえば、1か月後には「素敵な人を紹介してもらった？」、3か月後には「魅力がアップしてきたね、大丈夫！」といった言葉です。

目標は**おりにふれて、読み返す**ようにしましょう。仮に計画どおりに進んでいなくても、**「チャレンジによって成長した部分」を見つめる**ようにしてください。成長を感じられることは明日を生きる希望になり、自己肯定感にもつながっていきます。

「夢」を思い描いて「目標」に落とし込み、書き出しましょう。

第3章　まとめ

まずは自分自身に意識を向ける　031～033

過去を見つめ直す　034～038

家族関係を見つめ直す　039～041

感情を解放し気持ちを整理　042～044

罪悪感を軽くする　045～046

自分を肯定して価値を見いだす　047～048

今の自分を受け入れて大切にする　049～056

第4章

自己肯定感を高くキープする習慣

057

「地に足をつける」と、「自分軸」に戻れる

この章では、**自己肯定感をキープするための習慣作り**に取り組んでいきましょう。最初にご紹介したいのは、**「地に足をつけること」で自分軸に戻る瞑想《めいそう》的なアプローチ**です。**グラウンディング**とも呼びます。

私たちは普段、「思考」にかなりのエネルギーを使っています。

落ち着かず、モヤモヤとしていると感じるときは、まわりの人に意識を取られている**他人軸**となっています。

特にネガティブな意識は頭に溜まりやすく、不安が強いとき、困難な場面に遭遇しているとき、緊張や焦りを感じているときなどは、「思考」に大量のエネルギーが消費されていきます。その結果、フワフワと地に足がつかない、浮き足立った状態になっていることが少なくありません。

そこで、❶両足をしっかりと地面につけて、**頭のモヤモヤとした意識を、まずはへその下部の肚《はら》の部分に落とします**。覚悟を決めるときには「肚が据わる」、決心するときには「肚を決める」といった表現もされますが、**肚**は、**心や気力の中心**です。

肚に意識を向けると、自分らしさを取り戻すことができます。

続いて、❷**足に意識を向けます**。「地に足がついている」と意識することで、**気持ちが落ち着き、安心感がよみがえってきます**。意識を肚にとどめず、頭から一番遠い足にまで流すことで、ネガティブな意識がより離れやすくなります。

このワークは可能であれば**裸足《はだし》で行い、足の裏の感触を感じてみましょう**。足裏に意識を集中させて、「温かい」「乾いている」と感触を味わったり、足指をギュッと握ってみたりします。それから足を踏ん張り、ゆっくり深呼吸をします。広い大地にいることをイメージしてみると、気持ちが落ち着き、心が整ってきます。

ちゃんとできているかどうかを気にする必要はありません。ただ淡々と、身体感覚を意識して行いましょう。屋外で靴を履《は》いていてもできますし、立っても座っても行えるので、いつでもどこでも、どんどん実践してみてください。

眠れないとき、緊張しているときなど、頭でエネルギーを使いすぎていると感じたときにもお勧めです。たった1分で、心を整えることができます。

頭がモヤモヤしたら、意識を肚に落とし、足の裏を意識しましょう。

058

大きく10回の深呼吸をすれば、平常心を取り戻せる

「心の問題は体から、体の問題は心から」

東洋医学のそんな格言にもあるように、心や体は密接につながっているため、**体にはたらきかける**ことは、心を整えることにも効果があります。

深呼吸は、簡単でありながら効果が絶大です。

イライラしたり、悩んでいたり、不安や恐れなどのネガティブな感情にとらわれていたりするとき、人は呼吸が浅く、速くなり、体に酸素が行き渡らず、文字どおり「息が詰まって」苦しくなります。

苦しいと感じたら、とりあえず深呼吸をしてみましょう。呼吸を意識的に深く、ゆっくりとくり返すことで徐々に心が落ち着き、「自分」を取り戻しやすくなります。

深呼吸をする際のポイントは、**「吐く」から始める**ことです。

姿勢を正し、軽く目を閉じて、できるだけ長くゆっくりと時間をかけて、体の中にある空気を口から吐き出します。

「肺の空気がなくなった」と感じるくらいにまで吐ききったら、今度はゆっくりと鼻

から息を吸い込みます。**これを10回、呼吸を数えながらくり返していきましょう。**

目を閉じることには、視覚から入ってくる情報を遮断し、吐く息・吸う息にただ意識を向ける効果があります。この際、138ページでご紹介した**足の裏に意識を向けるワーク**を同時にやるのもお勧めです。

深呼吸を行うと、不安や緊張が解け、**自分軸**を意識しやすくなるだけでなく、**集中力アップ**の効果もあります。勉強や仕事の休憩中、あるいは試験やプレゼンの前などにも取り入れてみるといいでしょう。

通勤電車の中や寝る前など、**毎日の行動の中に習慣づける**のもよいと思いますし、**普段から、自分の呼吸をチェックするクセをつけておく**のも効果的です。「今日は何だか呼吸が浅いな」と感じたら、深くゆっくりと呼吸してみることで、心を整えることができます。

ヨガや瞑想などでも呼吸は非常に重視されていますが、日常の中でも気軽に取り入れることができ、即座に効果も実感できるので、ぜひ習慣にしてください。

ネガティブになったら、ゆっくり10回の深呼吸を行いましょう。

059

身のまわりの環境を整えると、心も整理される

部屋や身のまわりの整理整頓も、自己肯定感を高めることや、心の落ち着きを取り戻すことに有効です。心の状態はその人の部屋に表れやすく、心が乱れると、それに連動するように部屋も乱れやすくなるからです。

掃除や整頓を行うのは、一日の気分に影響を与える朝がお勧めです。

家の中であれば「毎朝5分」と決め、今日は玄関、今日はお風呂場、今日は洗面台……などと1か所ずつ掃除していくのもよいでしょう。「部屋がきれいになった」という達成感が、自己肯定感を高めてくれます。

オフィスのデスクなども、仕事が溜まって気持ちに余裕がないときほど散らかりやすい場所です。**出社して朝一番に、デスクの整理整頓をするのを習慣にしてみましょう。**資料を片づけたり、デスクの上を水拭きしたり、パソコンの汚れをきれいにしたりするだけで、心が落ち着き、気分よく仕事に向き合いやすくなります。

また、環境ということでいうと、嫌なことが起きたり、まわりにふり回されたりして、**自分軸**が揺らぎそうになったら、自ら環境を変えることも有効です。

ネガティブな思考にとらわれているときに同じ場所にいると、よけいに気分が沈みますし、悪い方向にばかり考えてしまいがちです。

そんなときは、とにかく**場所を変えてみる**ことです。それだけで、悪い方向に行きそうになっている思考を止めることが期待できます。休憩室やコンビニに行ったり、軽く公園を散歩したりしてみるのもよいでしょう。

ウロウロすることは、思考をリセットして頭の中を空っぽにしてくれる効果があり、気分転換だけでなく、新しいひらめきをうながしてくれることもあります。

場所移動のついでに、背筋を伸ばしたり、つま先で立ってみたり、カバンを上げ下げしてみたり、**できる限りの筋トレやストレッチをしてみる**のもお勧めです。

体を動かすと頭の中の思考から離れ、動かす部位や動作そのものに意識を向けられるので、気持ちが落ち着き、集中力が高まる効果も期待できます。

身のまわりの環境は思いのほか、心の状態にも影響を与えています。ですから、身のまわりの環境を変えることで、心のモヤモヤを消すこともできるのです。

心が乱れたら、整理整頓などを行い、環境を変えましょう。

060

朝日や外気を肌で感じると、心が整っていく

朝の光はすばらしいもので、心を整えるのにも効果的です。

「自己肯定感が下がっているな」と思ったら、**午前10時くらいまでの間に、意識的に朝日を浴びる**ようにするといいでしょう。

特に**おでこの真ん中に朝日を浴びる**と、脳の奥深い部分にある**松果体《しょうかたい》**という器官が活性化するといわれています。そうすると思考が明晰になり、「幸せホルモン」と呼ばれる**セロトニン**が分泌されるそうです。

場所は家の窓、バルコニー、駅のホーム、職場の窓際などどこでもかまいません。少し時間を作り、おでこの真ん中あたりに意識を向けて、そこに太陽の光を集めるようなイメージをしてみるのがお勧めです。

「テレワークや在宅勤務になってから、鬱々《うつうつ》した気分に悩まされている」という人は、これまで出勤時に自然に浴びていた朝日を浴びなくなったことも影響しているかもしれません。家にこもりがちなときほど、意識的に浴びるようにしましょう。

外の空気を吸うことにも、心を整える効果があります。ネガティブな思考にとらわ

れているときや集中できないときは、積極的に外に出て、**深呼吸**をしましょう。

脳にたくさん酸素を送って、気分や体もリフレッシュさせてください。**季節の移り変わりを肌で感じる**ことは、五感がスッキリして集中力アップにも役立ちます。

その際には、ぜひ**意識的に空を見上げてみてください**。

自己肯定感が低くなっているとき、まわりにふり回されて疲れているとき、私たちは自然に下を向いていることが多くなります。

そんなときほど、空を見上げてみるのです。空を見上げながら悩むことはなかなか難しいので、空を見上げる習慣がつくと、悩んでも深刻になりにくくなります。

私たちは旅先でリラックスしているときなどに、よく空を見上げます。心に余裕があって気分がよいと、人は自然に空を眺めるものです。日常の中でもこの習慣を取り入れ、意識的に空を眺めることで、気持ちを切り替えやすくなります。

空を見上げると、心が広がります。そして「今起きていること」や「やるべきこと」を心に受け入れやすい状況が作られ、**自分軸**を取り戻しやすくなります。


朝日を浴びたり、外の空気を吸ったりする習慣を作りましょう。

061

心の実況中継やヒーローインタビューで、気持ちが前向きになる

自己肯定感が低い状態になっているときは、小さな出来事でも自分を責める要素を見つけ、自己否定に陥ってしまいやすいものです。

そんなときに試してほしいのが、**心の実況中継**や**ヒーローインタビュー**です。これらをくり返していると、自分の気持ちを観察し、客観的に見ることが得意になりますし、**自分軸**を意識し、自己肯定感を高く保つことに役立ちます。

ちょっと気分が滅入っているなと感じたら、自分の様子を、スポーツ中継のように心の中で実況中継してみましょう。たとえば次のような感じです。

「〇〇氏、取引先が期待するほどの提案ができず悔しがっています。悔しい、申し訳ない、情けないという思いに駆られています。自分なりに頑張って準備をしたものの、やはり先輩の手を借りるべきだった、と思いながらとりあえずメールの返信をしています。しかし、上司に報告するのは気が重い。とりあえず、コーヒーを買いに行こうと席を立ちました、少し気持ちを落ち着けることにしたようです！」

実況中継のアナウンサーはたいてい、テンション高くしゃべっているので、ぜひそ

の感じを真似してみましょう。気力が引き出されることも期待できます。

頭の中で**自分ダメ出し**が始まってしまったとき、気分を切り替えたいとき、朝イチで気分が上がらないときなどに、ぜひやってみてください。

そして**仕事終わりには、ヒーローインタビューを行ってみましょう**。

朝、通勤中などに、お立ち台でヒーローインタビューを受ける場面を想像し、「今日も大活躍でしたね！　難しかった場面はどこでしたか？」「最後にファンのみなさんにひと言！」といったふうに、インタビューの話題を決めておきます。

そして仕事後に、その場面を心の中でイメージしましょう。ふざけているように思われるかもしれませんが、自分を客観的に見つめることに役立ちます。

忙しい日々が続き、ごほうびやリフレッシュの時間をなかなか取れないと、「何のために働いているんだろう」といった徒労感や虚無感に襲われることもあるものです。ヒーローインタビューには、嫌なことや大変なことも前向きにとらえやすくなるメリットがあるので、ぜひ試してください。

アナウンサーやインタビュアーとして自分に接してみましょう。

「荷下ろし」のイメージワークで、心をラクにする

自己肯定感を高い状態に保つためには、日々たえず降りかかってくる、さまざまな**ストレス**と上手につき合っていく必要があります。

そこで、ぜひ取り入れてほしいのが、❶**荷下ろしのイメージワーク**です。

イメージワークは**アファメーション**と同様、潜在意識にはたらきかけるものなので、知らず知らずのうちに身につけた思考パターンを手放すのに役立ちます。

まず**目を閉じ、「重い鎧《よろい》を着て、たくさんの荷物をもった自分」をイメージします。**

イメージができたら、**重い鎧を脱ぎ捨て、もっている荷物をひとつひとつ下ろしていきます**。体を軽くするような感覚を味わいましょう。

これを実践する際は、具体的な悩みの内容は脇に置いておいてください。**身体感覚にだけフォーカス**し、歯磨きやトイレのように、何も考えずに淡々とやるのがコツです。寝る前に実践して、そのまま寝てしまってもかまいませんし、外出中や移動中にもできるので、一日に何度でも実践してOKです。

「何もかも放り出したい！」といった気分のときは、❷**服を脱ぎ捨てながら裸になり、**

メイクを落としたり、シャワーを浴びたりしている自分を想像してみるといったイメージワークも有効です。これも荷下ろしのイメージワークと同様、ストレスから解放されるイメージを潜在意識に届けることができます。

気持ちが曇っているとき、罪悪感が強いとき、どろどろとした感情が心にへばりついているときには、**❸太陽のイメージワーク**もお勧めです。

以下の文章を読みながら、情景をイメージしてみましょう。

「今、頭の上からやわらかく優しい光が降り注いできて、あなたはその光を全身で受け止めています。そのぬくもりや光の感触を、ただ感じてみましょう。しばらくすると、光はスーッとあなたの体の中に入ってきて、体の中にある汚れをそっと吸い取り、吐く息と一緒に外に出ていきます。あなたがただ呼吸をくり返すだけで、心や体の中にあるけがれは、少しずつ薄まっていきます」

このようなワークを通じて、日々のストレスをリセットをする習慣を身につければ、毎朝を元気に迎えやすくなるので、ぜひ試してください。

3種類のイメージワークで、ストレスをリセットしましょう。

063

「したくないこと」を「見える化」し、「自分軸」を取り戻す

自分軸を確立できてきたと感じても、自分の意見をうまく表現できず、抱え込んでしまうようなときもあるでしょう。「**他人軸**の状態になっているな」と感じたときには、**「したくないこと」を書き出すワーク**を取り入れてみましょう。

148ページで、自己肯定感を高い状態に保つには、ストレスとうまくつき合う必要があると述べましたが、日頃我慢していることや嫌に思っていることを吐き出し、**感情を解放**することは、自分軸を取り戻し、自分らしく生きるために有効です。

ここでは、**メモ帳や紙を使ったワーク**をご紹介します。

まずは、**1枚に1項目ずつ、「したくないこと」「心配ごと」「不安に思っていること」を紙に書き出していきましょう**。部屋の掃除、夕食の支度、同僚の愚痴を聞く、冷蔵庫の整理、会議の調整、クレーム対応、来週の忘年会、年賀状書きなどなど、仕事かプライベートかに関係なく、何十個、何百個でもOKです。

次にその紙を見直し、**「これはやめられる」と思うものを選んでは、くしゃくしゃに丸めてゴミ箱に捨てていきます**。

最後に、**捨てられなかったメモも、丸めて捨ててしまいます。**

このワークは、可能であれば、リラックスできる週末に取り組むのがお勧めです。自分の心の中にある「嫌な気持ち」を「見える化」し、それをゴミ箱に捨てることで、嫌な気持ちの整理ができていきます。

初めは効果が感じられないかもしれませんが、何十枚とゴミ箱に捨てていくうちに、だんだん心が解放され、明るい気分になってくるのが感じられることと思います。

「どんどん楽しくなってきて、30枚くらいでは物足りなくなって追加した」という体験者も珍しくありませんので、ぜひみなさんも試してください。

職場で嫌な出来事があってイライラしたときなどは、**さっとその場で書き出し、破ってゴミ箱に捨てる**、といった短いワークをやってみるのもいいでしょう。

頭の中で何となくモヤモヤ、グルグルしている悩みを書き出すことは、思考の整理にもなります。「したくないこと」が明確になれば、「したいこと」にも気づきやすくなり、自分軸に戻りやすくなります。

嫌なことや悩みは、紙に書き出し、捨てましょう。

064

スター気分で大きな声を出せば、前向きに一日をすごせる

自己肯定感が低くなっていると感じたとき、手軽に元気を取り戻す方法に、**大きい声を出すこと**があります。

家族や職場の人、訪問先の相手に、**いつもより少し大きな声であいさつをしてみましょう**。そのあと取り組むことに気持ちが入りやすくなり、やる気が増す感覚が得られると思います。

あいさつの習慣がない人にとっては、声を張って「おはようございます」と言うだけで、少し勇気がいることでしょう。初めはまわりの人もびっくりするかもしれません。ですが、必ず気分は爽快になりますので、ぜひ試してください。

オフィスであれば、**大きな声であいさつをしながら、「スター気分」で扉を開けてみる**のもお勧めです。

ビルに入ってオフィスに向かう廊下、オフィスの扉を開けて自席に着くまでの道のりを、スターがライブ会場に入り、控室からステージに向かうときのような気分で歩いてみましょう。カメラクルーに撮られているようなイメージもいいですね。

なりきる役は敏腕経営者でも、キラキラOLでも、好きなものでかまいません。**自分がワクワクする役になりきって、一日を始めてみましょう。**

朝は本来、一番元気な時間帯です。睡眠によって、肉体的にも精神的にも疲労が解消され、「さあ、今日もやるぞ」「今日はどんなことをして楽しもうかな？」といった気持ちで一日を始められるのが理想です。朝を元気に、安定した心ですごせると、一日はとても充実したものになります。

しかし、心理カウンセラーを続けてきた中で、近年は「朝一番がしんどい」と訴える方がとても増えていると私は感じます。

朝の気分は、前日までのすごし方からも影響を受けますが、**朝に行う行動次第で、心を整え、気分を変え、やる気になったり、ほっこりしたりすることも可能です。**

意識的に「おはよう！」と大きな声であいさつをしたり、スター気分で仕事を始めたりすることは、そうした効果が期待できるシンプルな習慣です。

朝、スターになりきって、意識的に大きな声であいさつをしましょう。

065

「自分をほめる習慣」をつけると、自己嫌悪を卒業できる

自分をほめる習慣を身につけることは、**自分軸**の確立につながります。

自己肯定感を高く保ち、ひいては自分らしい人生を作るためにもとても役立ちますので、ぜひ日常に取り入れていきましょう。

「時間どおりに朝起きられた」「職場で元気にあいさつできた」「駐輪場にきちんと自転車を置いた」など、普段当たり前にしているようなことでも、自分をどんどんほめていきましょう。小さなことだからこそ見つけやすく、無理なく習慣化できます。

自分のことはもちろんですが、「今日も子どものお弁当をちゃんと作った」「今日もよく家事を頑張った」「後輩のグチも聞いてあげた」など、だれかのために頑張ったこともちゃんと認めて、ほめてあげてください。

ほめる習慣をつけるには、**スマートフォンのメモ帳機能**を使うのがお勧めです。「帰りの電車の中で」「食後にソファでくつろいでいるときに」「寝る前にベッドの中で」などと決めて、その日の「ほめポイント」を思い返し、書きとめていきましょう。

最初は**「一日に5つ」などと決めて取りかかる**といいと思います。慣れてくると、

どんどんほめることを探すのが楽しくなってくるはずです。一日何百個と自分をほめても、だれにも迷惑はかけません。一日中、自分をほめているような状態になってくると、相対的に、自己嫌悪になる時間や他人軸で考える時間は減っていきます。

まじめな人やちゃんとした人ほど、自分をほめることに抵抗を感じるでしょう。そういった人は、自分を承認するための「基準」を高く設定しがちだからです。

しかし、**自分を認めるのに基準や理由、根拠はまったく必要ありません**。

ほめる内容を考えられない日、その気力がないときは**「私えらいなあ、よくやっているなあ、頑張っているなあ」と、10回ほどくり返しつぶやいてみてください**。

力が湧いてくるのを感じられたり、ほっとした気持ちになれたり、明らかな感情的変化が訪れることもありますが、「つぶやいても何も感じない」というときもあるでしょう。それでもまったく問題ありません。

あなた自身をほめる言葉はあなたの潜在意識に染み込んでいき、自己肯定感にはたらきかけ、知らず知らずのうちに心を整えていってくれます。


小さなことでも、理由がなくても、自分をほめる習慣をつけましょう。

066

「自分ごほうびリスト」を作ると、幸せを感じられる

自己肯定感が低い状態にあると、つねに他人を優先させるため、自分を大切にすることを忘れがちです。

そこで、**あらかじめ「自分が喜ぶこと」を認識しておきましょう。**日常的にできることで、何をすれば自分の体や心が喜ぶか、**実現したらちょっと幸せを感じられることを考え、詳細に書き出してみてください。**思いつくたびにどんどん追加していき、数十個～数百個単位の**自分ごほうびリスト**を作り上げましょう。

例① **デパ地下で新作のケーキを買って帰る。**
例② **お気に入りのバーに寄って、マスターとおしゃべりする。**
例③ **書店に寄って、新刊を1冊買う。**
例④ **ちょっと高級な入浴剤を使ってお風呂に入る。**

毎日、朝や昼休みにこのリストを見返して、「今日のごほうび」を選びます。そし

てそのごほうびを、一日の節目となるタイミングで自分に与えてあげてください。仕事の後に楽しみがあるとそれだけでやる気になりますし、作業を効率化しようという意識もはたらきます。

できそうな頻度を基準に、以下のように分類しておくのもお勧めです。

Ⓐ日々できること（２００〜３００個程度を推奨）
Ⓑ週に１回くらいならできること（１００個程度を推奨）
Ⓒ月に１回ならできること（30〜50個程度を推奨）

自分で自分をねぎらい、喜ばせてあげるプロセスそのものに、自己肯定感を高める効果があります。自分を喜ばせる習慣が身につくと、前向きなエネルギーをまとえるようになり、それが周囲にも伝播《でんぱ》していくので、職場やプライベートの人間関係にも変化が現れてくることが期待できます。

「自分が喜ぶこと」のリストを作り、自分に「ごほうび」をあげましょう。

067

「自分甘やかしデー」を作ると、「自分軸」を取り戻せる

他人軸タイプの人は、基本的にまじめで責任感があるため、まわりに気を遣うのが当たり前のことだと考えています。疲れているという自覚も感じにくいため、**意識的に息抜きや手抜きをしてみる**ことがとても大切です。

週に1日程度、**自分をとことん甘やかす日**を決めて、実践してみましょう。

その日には、いつもしていることをサボってみるか、もしくは、ちょっとした息抜きの行動を取り入れてみてください。

例1 **早退して、自分の好きなことをする。**

例2 **お弁当を作らず、外でちょっと奮発してランチをする。**

例3 **たまには手抜きメイクで出社する。**

例4 **終わらない仕事のタスクを、明日に回す。**

例5 **後輩の仕事を積極的に手伝わない。**

例6 **昼休みに10分早めに入る。**

そして仕事でもプライベートでも、まわりの人に気を遣わず、自分を甘やかすことを意識してみましょう。いつも頑張っているのですから、週に1日くらい、ちょっと手を抜いたところで、まわりからの評判は下がりません。

「自分を信頼して甘やかしてあげることは、**自分軸**を取り戻すために必要なこと」と考えてください。意識的にこれをやっていると、明らかな変化が起きてきます。

体験者からよく聞かれるのは、「**視野が広がり、まわりの人のことがよく見えてきた**」という変化です。だれよりも率先して空気を読み、気遣いをしているときは、まわりの人の長所や考えが見えないことも少なくありません。しかし自分を甘やかし、一歩引いたところから眺めることで、新たな気づきを得られることが多いのです。

自分がちゃんとやらなければ、迷惑をかける、存在感を発揮できなくなる、嫌われる……といった恐れや不安が、杞憂《きゆう》であったことにも気づけるでしょう。

力の抜き加減を覚えると気持ちに余裕が出てきますし、「気分転換上手な自分」を好きになれます。すなわち、自己肯定感が高まることが期待できるのです。

週に1日程度、「自分を甘やかす日」を作りましょう。

068

「ほしいもの宣言」を続けると、「自分軸」が太くなる

自己肯定感を高く保つためには、**「自分のほしいもの」を言葉にする習慣**をつけるのもよい方法です。

しかし、自己肯定感が低い状態にある人は、普段から他人に気を遣うのが当たり前になっているので、自分のほしいものやしたいことを言うのが非常に苦手です。

「自分のほしいものを素直に言うことは、相手の迷惑になる」という思いが強く、**自分軸**のない「欲のない人」になりがちなのです。

しかし欲のない人は、周囲から「何を考えているかわからない」「喜ばせ方がわからない」と思われることも多く、必ずしも他人からよい評価をもらえるわけではありません。

そうした人たちに、ぜひ提案したいのが、**鏡の前でのリハーサル**です。**鏡の前に立って「私は○○がほしい！」「私は○○をしたい！」と声に出す練習をしてみましょう**。メイク中、お風呂上がり、歯磨き中、髪を乾かすときなど、ルーティンの合間でかまいませんので、毎日1分間ほどやってみてください。

〇〇の部分には、もの、お金、出会い、旅行など、何でも自由に入れてOKです。

これを毎日続けることで、自分の好きなものやほしいものがわかるようになり、ほしいものを口にするクセが身についていきます。

自分の顔を見ながら宣言することをくり返すと、**「自分の人生は自分で決めている」という感覚、** つまり自己肯定感が高まり、**自分軸が太くなっていきます。**

ほしいものややりたいことがわからない日があっても、自分を責める必要はありません。「鏡の前で何て言おうか」を考えるクセがつくと、日常の中でアンテナが立つようになり、「そういえば、ドラマで見たあのレストランに行ってみたいな」「あのタレントが着ていたワンピースがほしいかも！」などと気づけるようになってきます。

パソコンやインターネットに接する時間が長い人は、**ブログやSNS上にほしいもの、したいことをひたすらつぶやいてみる**のはどうでしょうか。非公開でかまいませんので、将来かなえたい夢や愛の告白の練習をしてみるのもお勧めです。

内にある気持ちを表現する練習を続けて、自己肯定感を高めていきましょう。

毎日、鏡に向かって「ほしいもの」「したいこと」を宣言しましょう。

069

「アイ・メッセージ」を意識すると、「自分軸」を保つことができる

自己肯定感が高い状態を維持し、**自分軸**を大切にするためには、**アイ・メッセージ**を意識しながら日々をすごすことも効果的です。

これは簡単にいえば、**「私は」という主語を意識して会話をする**ことです。

日本語は主語がなくても、文脈から主語を推測して会話が成立する言語です。そのため、無意識に**他人軸**に向かいやすい特徴があります。人の顔色を過度に気にしてしまう他人軸の人は、責任の所在が不明確になりやすい「主語のない会話」をしていることが少なくありません。

自分以外の主語で話す人もいます。「あの人はどう思うかな」「彼の要求はとても高いんです」などと、**身近な人を主語にして語るクセがある人**の中には、無意識に主従関係の「従」の側に立ち、相手にふり回されているケースが多く見受けられます。

相手との境界線が曖昧になり、相手のことをさも自分のことのように語る人もいます。「先週、病院に行って検査をしたんです。それからずっと不安が消えなくて……」とおっしゃる人の体調を気遣ったところ、「私ではありませんよ、母のことです」と

あとから判明したケースもあります。これはまさに、他人軸の姿勢です。

このような状態になることを防ぎ、自分軸を強固にするためにも、「私は」「僕は」という主語を意識的に使うクセをつけることがお勧めです。

たとえば、「今日飲みにいくか？」と誘われた際、「今日はやめておきます」ではなく、「今日僕はやめときます」。ほかにも、「クライアントに評価されるといいな。私、プレゼン頑張りますね！」などと、できるだけ使うようにします。

ひとりごとや心のつぶやきでも、主語を意識してみるといいでしょう。「私は彼に会いたいなあ」「晩ご飯、私はお魚が食べたいな」という言い方にするのです。

一日の行動を思い出す際も、すべて「私は」をつけてみましょう。「あー私は今日、電車を1本逃したな。でもコンビニで私はお気に入りのお弁当が買えたし、午後のプレゼンも、私は割とうまくやれたと思う」といった具合です。

主語を意識することで、他人との境界線が引きやすくなり、自分の希望や願望、意図を確認することができます。それにより、自分軸を保てるのです。


会話でもひとりごとでも、「私は」という主語を入れましょう。

070

「指さし確認」を行うと、「流される」ことがなくなる

指さし確認術と私が呼んでいる方法も、**自分軸**を強固にするために役立つ習慣です。**自分が何か行動を起こす際に、電車の運転士さんや車掌さんのように指をさして、自分の意志を確認する**のです。

コンビニでドリンクコーナーに行ったら、コーヒーを指さして「コーヒーが飲みたいぞ」と確認してから、レジにもっていきます。ランチのお店でも、メニューを指さして「今日はAランチにする！」と確認してから注文します。夜、テレビを見るときにも「今から○○さんの出ているドラマを見るぞ」と指さしてから、チャンネルを合わせてください。

人目にふれるのが恥ずかしい人は、心の中でやればOKですが、家の中であれば、ぜひ車掌さんになりきって指さし確認をしましょう。

これをやってみると、けっこう疲れることに気づくと思います。意識していなければ、すぐに確認行為を忘れてしまうことでしょう。私たちはそれくらい、普段「何となく」「何でもいいや」と惰性《だせい》で行動しており、まわりに流されて決めている場合も

多い、ということです。

確認をしていると、疑問が湧く瞬間もあるはずです。先ほどの例でいえば、「あれ、本当に今、コーヒーが飲みたいんだっけ……」と自問自答してしまうこともあるでしょうし、「まわりがAランチと言っているから、自分もAにしようとしている」という事実に気づき、自分の意思をいちいち考えるのが面倒に感じられる場面もあるでしょう。

自分軸を確立するのは、それくらい難しいということです。

「飲み物や食べ物くらい、まわりに流されてもいいじゃないか」と考える人もいるかもしれませんが、その姿勢がクセになると、気の進まない飲み会に行ったり、意味を感じられない仕事を引き受けたり、ということにつながっていきます。

「まわりに流されやすい」「人にふり回されて、不安な状態から抜け出せない」と感じる人ほど、ぜひ練習だと思って、指さし確認を行ってみてください。自分の意図や意志をたえず確めながら、自分らしい生き方を確立していきましょう。

行動の際に指さし確認をして、自分の意思を明確にしましょう。

071

「自分と対話する習慣」で、「今」を生きる感覚が強化される

自分との対話を習慣づけることも、**自分軸**の確立に役立ちます。

「まわりに流されやすい」「自分がない」という**他人軸**な生き方をしている人は、まわりにいる人たちはもちろん、**時間にも流されやすい**傾向があります。

自分のために時間を使って、心が満たされたのであれば充実感は残りますが、他人のために使った時間は、所詮他人のもの。夜、寝る前になって「今日って忙しかった気がするけれど、何をしてたんだっけ……」なんて感覚に陥ることもあるでしょう。

これでは自分らしく、自分の人生を生きているという実感を味わえません。

このようにならないためには、**「今」を意識すること**が大切です。

私たちは「今」にしか生きられない生き物です。どうにもならない過去のことや、何が起こるかわからない未来のこと、考えてもわからない他人のことばかりに頭を使わず、**定期的に「今ここにいる自分」を確認し、自分との対話をしてみる**のです。

「私は今、どうしたいと思ってる？」

「ここ数日、忙しいから、ちょっと休憩を取りたいかも」

「じゃあこの資料に区切りをつけたら、カフェでラテを1杯飲んでこよう」

「了解！」

といった調子です。

自分と対話ができるということは、「自分を客観視できている自分がいる」ということになり、他者から見た自分にばかりとらわれている自意識過剰な状態を抜け出すことができます。

慌ただしい日常の中で、「今」を意識することは案外、難しいものです。

そこでお勧めしたいのが、**「今、何がしたい？」「今を生きているか？」といった問いかけの言葉を、目のつくところあちらこちらに忍ばせておく**方法です。

スマートフォンの待受画面、冷蔵庫の扉、寝室のドア、手帳の表紙、財布の中など、**毎日必ず目にする場所にこれらの言葉を貼っておく**と、定期的に思い出せます。

こうした習慣を通じて、「今」や「自分」をしっかり意識できるようになると、自分軸が揺らぎにくくなり、しっかりと確立されていくでしょう。


「今、何がしたい？」と、自分に定期的に問いかけましょう。

「いいこと日記」を習慣にすると、幸せ感度が高まる

日記は、**自分自身に向き合うツール**として古くから用いられてきたものです。

自己肯定感を高い状態に保つには、**いいこと日記**をぜひ実践してください。

ルールは簡単です。よかったこと、嬉しかったこと、楽しかったこと、感動したこと、幸せを感じたことなど、**ポジティブなことのみを書いていきます**。「よし！」と思ったことであれば何でもかまいません。

「朝の電車で座席に座れた」「社食の日替わりが好きなメニューだった」「可愛い犬を近所で見かけた」「気になる人からメッセージが来た」など、小さな出来事でも、どんどんつづっていきましょう。

習慣づけるために、「帰りの電車の中で」「お風呂上がりに」など、**毎日書くタイミングを決めておく**のもよいと思います。

このワークはとにかく、**軽い気持ちでどんどん書いていく**ことが大切です。

小さなことを忘れてしまいそうな人は、「よし！」と思うたびに、スマートフォンに記録していくのがお勧めです。メモ帳やカレンダーアプリでもいいですし、最近は

日記のアプリなどもいろいろとリリースされているので、ぜひ自分好みのものを見つけてください。

いいこと日記を書く習慣がつくと、**うれしいことや楽しいことに気づく能力**があがってきます。日常の中で幸せなことに目を向ける習慣がつき、幸福への感度が底上げされます。

日々の中で喜びを感じたことに加え、**自分をほめる言葉**もプラスして書くようにすると、自己肯定感を高める目的では、より効果的でしょう。

自己肯定感が低い状態にあると、人はついつい自分のダメなところや、日常に起きた嫌なことに目を向けてしまいますが、いいこと日記をつけていると「意識の向けどころ」が変わるため、そうしたネガティブな習慣をやめることにも役立ちます。

まずは1か月、続けてみてください。

きっと以前より、明るい気分ですごせる日が増えていることに気づけるはずです。

それはとりもなおさず、自己肯定感が高まってきたことの証拠でもあるのです。

毎日、ポジティブなことを日記に書きつづけましょう。

073

「感謝の手紙」を書くと、罪悪感から解放される

自己肯定感とは、**ありのままの自分を認め、肯定できる感覚**のこと。**全肯定**の状態とも言い換えられるかと思いますが、この感覚を味わうのを妨げているものの代表格は、**罪悪感**です。

この罪悪感の対極にあり、罪悪感を癒やすのに最も効果的だと私が感じているのが、**感謝**です。「ありがとう」の中には、否定が一切ありません。「ありがとう」と感謝することは、相手の気持ちを受け取ることになり、「いかに自分が人から愛されてきたか」を思い知ることができて、自分を幸せにすることにつながります。

そこでご紹介したいのが、**感謝の手紙**のワークです。

今までかかわってきた人たちを思い浮かべ、ピンときた人に感謝の手紙を書きます。便箋何枚になってもいいですし、数行で終わる人がいてもかまいません。親友やパートナー、家族など、同じ相手に何通書いてもOK。アーティストやアイドルなど、つらいときに支えになってくれた存在へのファンレターでもけっこうです。

深く考え込まず、ふと思い浮かんだ人を選んでください。

できれば**一日1通ずつ、1か月程度は続けてみる**のがお勧めです。早ければ3日目くらいから効果を実感しはじめるでしょう。

手書きが苦手な方は、メールやSNSでもかまいません。早ければ3日目くらいか

この手紙は相手に渡さなくてもかまいませんが、抵抗がなければ、ぜひ相手に送ってみてください。手紙をしたためているだけでも心が軽く、温かく、幸せを感じられますが、実際に送ってみると、手紙を送った相手から幸せな返事が返ってくるケースも多く、より大きな感謝の気持ちに包まれることも期待できます。

感謝のエネルギーは罪悪感や無力感を浄化し、孤独感を癒やしてくれます。「自分が自分でよかった」という思いを実感できるようになり、自分自身への感謝の手紙を書くことができた体験者もいます。

長らく自分を否定してきた人が、感謝を通じて全肯定の感覚を知ると、「自分は愛を受け取る価値がある」と気づき、まわりの人たちへの接し方も自然に変わってきます。そうして円滑な人間関係が築ければ、自己肯定感も高くなっていきます。

ふと思い浮かんだ人に、感謝の手紙を書きましょう。

074

「これが私だから」「これも私だから」で、自分を肯定できる

自己肯定感が高い状態でいるためには、**自分がいいと思う部分も、悪いと思う部分も、両方を認める**ことが必要になります。

いい自分も悪い自分も認めるコツは、**「これが私だから」「これも私だから」という姿勢をもつ**ことです。

日常の中で、自分のいい部分を見つけたら**「これが私だから」**と心の中で唱えてみてください。仕事がうまくいったとき、ほめられたとき、成績が上がったときなど、心の中で「これが私だから！」と自分自身に言ってあげましょう。

反対に、自分の悪い部分、嫌な部分を見つけたら、**「これも私だから」**と心の中で唱えます。失敗したり怒られたりしても「ま、これも私だから」と唱えてみましょう。「これも私」と受け入れることで、自分を否定するクセを一瞬止めることができます。

具体例をご紹介しましょう。ある人が、取引先でプレゼンをしたとします。資料も万全に整え、滞《とどこお》りなくプレゼンを終えることができました。

しかし突然、先方から想定外の質問を受け、頭が真っ白になって、「改めて返事し

ます」と答えるので精いっぱいでした。その人は帰り道、「準備不足だった」「上司や後輩に迷惑をかけた」「取引先の心象を悪くした」と落ち込んでしまいました。

自己肯定感を高く保つには、できたことやうまくいったことは「これが私だ」と認める必要があります。右の例でいうならば、滞りなくプレゼンを終えられたこと、その準備をしていたこと、質問に対して曖昧な返事をしなかったことなどは、「できて当然」などと思わずに「よくやった」とほめてあげていい部分なのです。

同様に、うまくいかなかった自分のことも、きちんと受け入れてあげます。質問に答えられなかった自分には「これも私だからね」と声をかけてあげてください。

どうしてもそれが難しいと感じるときは、**「簡単に自分を認められない自分」を認める**ことをめざしましょう。「これも私だ、なんて受け入れられないんだよ」「そうだよね、それが私だよね」といったふうに、自分との対話を行うのです。

このように、いいも悪いも包括した自分をありのまま認められるようになれば、自己肯定感は自然と高い状態に保たれます。

自分の長所は「これが私」、短所は「これも私」と肯定しましょう。

075

「私が可愛いから」で、嫌なことが片づいてしまう

どんなに心のケアに努めていても、嫌なことは降りかかってくるもの。そんなときに役立つのが、**「私が可愛いから」**という口グセです。

たとえば、「急いだのに、電車を逃してしまった」「レストランで、自分の頼んだメニューだけが出てこない」「残業後、ビルがロックされてしまって、外に出るのにひどく苦労した」といった状況を想像してみてください。

このような際、自己肯定感が低い人は、「自分は運に恵まれていない」「自分の存在感が薄いからだ」「自分だけは歓迎されていない」などと落ち込んでしまうこともあります。「落ち込むほどではない」という人でも、不運と感じたり、みじめな気持ちになったり、怒りがこみあげたりと、あまりいい気持ちはしないと思います。

そんなときに、**あえて強引な理由づけをしてしまう**のです。

「仕方ないな、私が可愛いから」

「今日はついてないな、ま、私が可愛いからだな」

「私が可愛いから、シェフも凝《こ》って作っているんでしょ」

「私があんまり可愛いから、ビルの人も帰らせてくれないよ、まったく」

まったく根拠のない理由づけでかまいません。

そしてこのルールは、応用も効きます。

「今日はなんだかやる気が出ないなぁ……。私が可愛いからか」

「お金が貯められないなあ。まあ仕方ない、可愛いからな私」

思わずクスッと笑えるかもしれません。**笑いは最高のヒーリングツール**。笑える瞬間が多いほど表情は軽くなっていきますし、心も元気になっていきます。

鏡を見るときには毎回、何も考えずに「あら可愛い！」「今日もイケてるね！」などと心の中でつぶやいてあげる習慣をつけるのもお勧めです。自己肯定感が低いと、その鏡を見るたびに自分のあら探しをするのが条件反射になっている人もいますが、そのようなネガティブな自己暗示をストップさせることにも役立ちます。

自分をできるだけ可愛がり、小さなことで落ち込まない習慣が身につけば、自己肯定感も高まりますし、日常がとてもラクになっていくことを体感できるはずです。

嫌なことには、「私が可愛いから」と、強引に理由づけしましょう。

仕事を「見える化」すれば、自分のペースを保てるようになる

自己肯定感が低い状態にある人は、依頼やお願いを断ることがとても苦手なので、会社でもプライベートでも、仕事を抱え込んでしまうことが少なくありません。

キャパシティ以上に役割をふられてしまうのは、**周囲の人にその大変さが伝わっていない**ことも原因です。不平を言わず、新しい仕事を頼まれても断らないので、「余裕がある人」「できる人」に見られがちなのです。

そこでお勧めの方法が、**自分の仕事量を「見える化」**することです。

家庭であれば、**毎朝、冷蔵庫やリビングにホワイトボードに一日のタスクを書き出し、終わったものから線を引いたり、消したりする**といいでしょう。「ゴミ出し」「お弁当作り」「シンクの掃除」「子どもの宿題チェック」「スーパーに買い出し」など、その日のうちにやりたいことをすべて書いておきましょう。

職場であれば、**パソコン画面の縁やデスクの上に、ふせんやメモを貼り、終わらせるごとに捨てていく**のがお勧めです。朝はびっしりとあったタスクがひとつひとつ終わっていくことは、達成感や充実感を得ることにもつながります。

最近は、クラウドなどでメンバーのタスクを共有している会社もあるかと思います。自分とまわりの人が仕事量を見られるのであれば、そうしたものを活用してもかまいません。

タスクを書き出しておくと、**客観的に自分のキャパシティを把握することができる**ので、「これ以上、引き受けるのは無理だ」というボーダーラインを意識できます。そうすると、無理な依頼が来ても、罪悪感なくNOを言えるはずです。

ほかの人にも見える形で可視化することで、「これだけタスクがあるから無理なんです」と断る根拠が明確になり、相手を納得させやすくなります。

断らないにしても、「来週であれば引き受けられると思います」と納期の調整を打診したり、協力要員を要請したりもできます。

余計な仕事が舞い込む心配がなくなると、集中して目の前の仕事に取り組めます。

まわりにふり回されることなく、自分で自分の仕事量をコントロールできることは、自信につながり、自己肯定感の維持に役立ちます。

タスクを書き出して、まわりの人にも見えるようにしましょう。

077

つらさを明るくアピールできると、仕事も人間関係もラクになる

自分の気持ちを、前向きな言葉でアピールする習慣を身につけることも、自己肯定感を高く保つために役立ちます。

自己肯定感が低い人は、まわりの反応に敏感で、また気遣いにも長《た》けているために、大変な業務や理不尽な役回りを任せられることも多く、ストレスを抱えがちです。

そしてある日、限界が来て、感情を爆発させるような言動をしてしまい、周囲を驚かせることも少なくありません。「こんなに頑張ってるのに！」「私だってしんどいのよ！」とキレてしまったり、嫌味になってしまったり、急に泣き出してしまったりして、場の空気を乱すこともしばしばです。

溜まっている感情を外に出すのはとてもよいことなのですが、そのような形でアウトプットしてしまうと、人間関係に遺恨《いこん》を残すこともあり、何より、自分自身の後悔の種になってしまいます。

「理不尽だ」「自分の気持ちを察してくれない」と思った際には、そのような事態が起こる前に、**早めに自分の気持ちをアピールする**クセをつけていきましょう。

そのときに重要なのは、**明るさと、前向きな気持ちで話すこと**です。

具体的には、「私ってえらいでしょ?」「本当はしんどいんだよ〜」「めちゃくちゃ頑張ったんだよ、ほらほら、私をほめて!」といった言い方がお勧めです。笑顔で明るく言う限り、重たい印象に受け取られることは少ないものです。

人に対してどうしても言えない人は、「私、本当によく頑張っているよなあ」などと、**ひとりごとから始める**のでかまいません。何度もくり返し、口に馴染んでくると、人に対してもフッと伝えられる場面が出てきます。

自分の気持ちは伝えようとしなければ伝わらないこと、そして**伝えたら自分の気持ちがかなりラクになり、自分軸を保ちやすくなる**ことを、ぜひ覚えておいてください。

コミュニケーションはスキルなので、うまくいかなくても落ち込む必要はありません。自己肯定感が低い人は、人の気持ちを察することには長けていても、自分の気持ちをアピールすることに関しては初心者マーク。**最初は、何らかのアピールができただけでも、「よくやった!」と自分に拍手を送ってあげてください。**

ストレスを感じたら、抱え込まず、明るく前向きにアピールしましょう。

「人の迷惑、顧みず」とつぶやくと、察しすぎなくてすむ

人の気持ちを察するクセがついている人が、自己肯定感を下げずに生活するためには、**「他人のことを察しすぎなくてもいいんだ」と、自分自身に言い聞かせる**ことも有効です。

自己肯定感が低く、自分よりも他人を優先することが当たり前になっている人は、ついつい「いい人」としてふるまってしまう習慣がなかなか抜けません。そのようにふるまうことが、本人にとって「当たり前」になっているので、「問題だ」と認識することすら難しいのです。

そうして日常的にストレスが溜まっていくと、人間関係に疲れ果て、ちょっとしたきっかけから「もういやだ」「人とかかわりたくない」という状態になってしまうこともあります。

この状態を変え、**自分軸**を確立するには、**「人の迷惑、顧みず」**といった強い言葉を自分に投げかけることを、あえてくり返してみるとよいでしょう。

この言葉は**アファメーション**の一種で、潜在意識にはたらきかけることが目的です。

「意識的に、人に迷惑をかけるような言動をしなさい」ということではありませんので、心配はいりません。

「人の迷惑、顧みず」の言葉をことあるごとにくり返し、徐々に心に馴染ませていくと、人への接し方が変わってきます。**元来の優しくて人に気を遣いすぎる性格とミックスされて、ちょうどいいバランスになる**ものです。

ひとつ、実例を紹介しましょう。いつも周囲に気を遣い、自分を追い込んでしまいがちだった女性の話です。その女性は、自分軸を確立するため、「人の迷惑、顧みず」の言葉を、心の中でくり返すようにしていました。

あるとき、彼女は職場で、とても大変な仕事を頼まれました。それまでの彼女だったら、引き受けて、かなりの無理をしてこなしていたでしょう。

しかしそのとき、彼女は思いきって、初めて「できません」と断りました。すると、相手はあっさりと引き下がったのです。「断っても大丈夫だ」とわかったことで、彼女の気持ちはずいぶんラクになったということです。

普段から、「人の迷惑、顧みず」とつぶやきましょう。

079

「お願いする」「頼む」「甘える」の習慣で、自分をラクに

あえて人に「お願いする」「頼む」「甘える」習慣を身につけるのも、自己肯定感を高く保つためには必要なことです。

「ひとりでもできるけれど、だれかに手伝ってもらったほうがラクだな、効率的だな」と思ったときには、**自分でやってしまわず、その役をだれかに譲ってあげてください。その人ができることを考えて、あなたの役に立たせてあげましょう。**

73ページで、人間関係の理想型は**相互依存**であると述べました。

自己肯定感が高くなると、そうした「頼り頼られ」の関係が上手に作れるようになるのですが、逆もまたしかりで、必要なときに人に頼れるようになると、人間関係がラクになり、自己肯定感が高く保たれることが期待できます。

しかし、人に気を遣ってしまう人は、「お願いする」「頼む」「甘える」ことが、とても苦手です。**「お願いしたら迷惑かも」「自分でやったほうが早い」などと考えがちな人は、要注意です。**何でもひとりで抱え込んでしまうクセづけが始まっています。

人の面倒ばかり見て、自分のことはだれにも助けさせない人は、まわりから「あの

人は大丈夫」「仕事ができる人」として信頼されつつ、一線を引かれてしまうことも珍しくありません。そうして「すごい人」と思われるほど、まわりからも「自分なんかが手を貸すのは気が引ける」と思われやすく、助けてもらう関係性を築きにくくなります。しかしそのようになるほど、ひとりで抱え込み、余裕がなくなり、「できて当然の人」と思われるぶん、「報われない」と感じる瞬間も増えるばかりです。

だからこそ、「お願いする」「頼む」「甘える」習慣をつけることが大事なのです。

「お願いする」「頼む」「甘える」ことは、けっしてネガティブなことではありません。相手を頼ることは、その人に自信をつけさせたり、存在価値を認識させたり、役に立つ喜びを知るきっかけを与えたりすることにつながります。

それが後輩や部下ならば、彼らを育てることになりますし、お願いしたり頼ったりすることで、より心の距離が近づくので、職場の雰囲気がよくなっていきます。

そうして**適切な甘え方**が身につくと、「頼り頼られ」が上手になっていきます。

「お願いする」「頼む」「甘える」は、人間関係を育てる栄養剤なのです。

人に頼めることは、自分でやってしまわず、人に頼みましょう。

「ひとり居酒屋」をすると、「自分軸」を意識しやすくなる

「**自分軸**に立ち、かつ**相互依存状態**を作れているか」を測るひとつの指標に、**ひとりで居酒屋やバーに行けるかどうか**があります。

「ひとりでいて、どう思われるのだろう？」と気になって楽しめないという人は、他者の視線に意識が集中している点で、**他人軸**の状態である可能性があります。

たしかに、常連客の中にひとりで飛び込むのは、アウェー感満載でしょう。しかし最初の一歩を乗り越え、少しずつ慣れていけば、食事を味わいながら、その空間を楽しむことができるようになります。人の視線を気にせず自分の世界に浸り、ときにはマスターやまわりの客と会話を楽しめるようになります。そういうコミュニケーションを取れるようになると、どんどん新しい世界の扉が開き、自信がついてきます。

それに、ひとりで行ったとしても、居酒屋やバーは、本当の「ひとり」ではありません。お店の人や他のお客さんが必ずいるので、「集団の中のひとり」といえます。その意味で、自分の部屋でひとり酒をしている状態とはまったく異なります。完全に他人をシャットアウトしているわけではないからです。

「集団の中にいながらも、自分自身を保てる状態」は、自立しながらも、まわりの人と適切な距離感でコミュニケーションが取れる、**理想の相互依存状態**といえます。

居酒屋やバーは、そのための練習として最適な場所なのです。

お酒が苦手でハードルが高いということであれば、少し背伸びが必要なおしゃれなカフェやレストラン、ブランドショップなどで試すのもよいでしょう。自分のペースで食事や読書、洋服の下見などをしながら、気が向いたときに店員さんとリラックスして話せるようになれば、「大人としての自分」に自信も増すはずです。

「自分軸にいるかどうか」が試される場所というのは、**ひとりで行ける場所で、かつそこにいる他人との会話が発生しやすいところ**です。

そのような場所でも自分を見失わず、自分のペースですごすことができれば、自分軸でいる感覚が磨かれ、自己肯定感の高い状態を保ちやすくなるので、ぜひ日常に取り入れてください。会社や自宅以外に**心安らげる場所を確保**できたら、ストレスを減らすことにもつながり、よい心の状態を保てるようになるでしょう。

ひとりで居酒屋やバーへ行き、自分の時間を楽しみましょう。

081

夫婦の交換日記やほめ合う習慣で、家族の自己肯定感を高める

「**自分軸をもって育児に取り組みたい**」「**子どもの自己肯定感を高めたい**」と感じている子育て中の方には、**夫婦の交換日記**もお勧めです。

お互いに感謝していることや相手のいいところ、好きなところを書いて渡し、それを見て自分も相手に対して書いて……を一定期間、続けてみてください。あくまで夫婦間の日記で、子どもに見せる必要はありません。

「今日のハンバーグはおいしかった」「朝、玄関で見送ってくれた」「買い忘れた食材をお願いしたら買ってきてくれた」など、いつも当たり前になっていることでも、やってもらって嬉しいと感じたことは、何でも書き出してみてください。

中には、「夫婦での交換日記は照れくさい」「自分はやりたいけれど相手が協力してくれない」「日記を続けるのが苦手だ」という方もいるかと思います。

その場合は、**2日に1回、お互いを2分間ずつほめ合う**というワークをぜひ試してください。

スマートフォンのタイマーを2分間にセットし、ヨーイドンで、まずは妻が夫をほ

めはじめます。一生懸命働いていること、子どもの世話を熱心にしてくれること、面白いところ、手抜きご飯でも文句を言わないことなど、思いつく限りのことを述べてみてください。

妻が終われば、次は夫の番です。子ども思いなところ、仕事も家のことも手を抜かずやるところ、忙しくても身だしなみがきちんとしているところ……。

個人差はありますが、一般的には、男性のほうが女性に比べ、人をほめるのが苦手です。そのため、このワークは、女性側から始めてみるのがお勧めです。ほめられると、「自分もほめ返そう」という意欲が湧いてきやすいものです。

中には、ひと言も発することができない人もいるでしょう。そんなときは急《せ》かさず、「どこをほめたらいいか考えているんだな」と見守ってあげてください。

夫婦がポジティブなコミュニケーションを取っていることは、**家族の絆《きずな》の強化**につながり、子どもたちにもダイレクトに伝わります。こうしたワークを通じて親の自己肯定感が高まれば、自然に子どもの自己肯定感にもいい影響が出てきます。

夫婦でほめ合えるようなシステムを作りましょう。

5つの役割を知れば、家族への理解が深まる

家族の絆を深めることは、親や子どもの自己肯定感を高めていくために役立ちます。会社などでも同様ですが、**役割分担**がうまくいっている組織はうまく回りやすいことが知られています。ここでは**集団を構成する5つの役割**をご紹介しましょう。

❶**ヒーロー／ヒロイン**は、グループを引っ張る役割です。ときに暴走したり、まわりを批判して正しさを主張したりして、対立を生むこともあります。

❷**犠牲者**は、家族を裏で支える、優しいお母さん的ポジションです。みんなから頼りにされ、相談される相手で、自分を犠牲にして尽くしたり、我慢したりしがち。

❸**傍観者**は、家族から少し離れたところで、家族を冷静に見つめ、問題を早く発見します。家族の輪に入らず、浮いた存在になることもあります。また、クールすぎるため、何を考えているかわからない側面もあります。

❹**問題児（ヒール）**は、家族の問題をひとりで背負い、家族に迷惑をかけたり、困らせたりもします。しかしそれが、家族それぞれが自分の問題に気づくきっかけになることもあります。

❺**チャーマー**は、家族のいじられ役、可愛がられるアイドル的存在です。真面目な意見を言ってもまわりから受け入れられなかったり、いつまでも子ども扱いされたりするので、自信が育ちにくいところもあります。

たとえば、子どもが「問題児」としてトラブルを起こしつづけている家族の場合、じつは両親の不仲という問題が隠れていて、子どもはそれを炙《あぶ》り出している存在である、といったこともあります。

母親が子どもの問題で暴走しているように見えても、それは「リーダー」として必死で家族を引っ張ろうとしているのかもしれませんし、父親が家族に尽くしてくれないように見えても、「傍観者」として、ときに客観的で的確な意見を出せることもあります。

ひとりが複数の役割を兼務することもありますが、**それぞれの役割で長所を発揮し合うと、いい組織になる**と考えていると、それぞれの見え方も変わってくるかと思います。家族の問題を感じている方は、ぜひ参考にしてください。

集団メンバーの5つの役割を知り、家族関係に活かしましょう。

083

愛情表現はひとつではないと知れば、家族の絆が深まる

自己肯定感を高く保つには、**家族の絆**を深めることが大切だと述べました。家族の絆を深める際に、**愛情表現**は欠かせません。

日本人は愛情表現が苦手だとされますが、じつは私たちは普段、さまざまな形で愛情表現をしています。ここでは、代表的な8つの行為をご紹介します。

❶言葉で愛情を伝える
❷スキンシップ
❸お金を稼ぐ、家事をする
❹尽くす
❺相手に合わせる、ついていく
❻心配する
❼見守る
❽一緒にいる

愛情表現というと❶や❷を連想する方が多いと思いますが、多くの親が当たり前に行っている❸や❻、❽なども、大事な愛情表現です。

家族のような距離が近すぎる関係では、意外と愛情が伝わりにくいものです。

だからこそ、**「自分はどういうふうに愛情を示すタイプかな？」「パートナーは、どういうふうに愛情を表現するのかな？」「うちの子はどうかな？」と、ぜひ考えてみましょう。**

受け取る側が「こうしてほしい」と思う形ではなくても、本人なりに愛情表現をしている事実に気づけるかもしれません。父親から子どもに、「ママはいつも怒っているように見えるかもしれないけど、毎日食事を作るのも、宿題を見ているのも、全部○○を愛しているからなんだよ」なんて伝えてあげられることもあるでしょう。

それぞれの愛情表現に気づくことは、必ず家族の絆を深めることに役立ちます。家族みんなで自己肯定感の高い状態を保つために、ぜひ注目していただきたいポイントです。

家族のメンバーそれぞれの愛情表現の仕方に気づきましょう。

第4章 まとめ

嫌なことがあったら

- □ 地に足をつける 057
- □ 深呼吸 058
- □ 整理整頓 059
- □ 朝日や外気を感じる 060
- □ 心の実況中継 061
- □ 荷下ろしのイメージワーク 062
- □ 嫌なことの「見える化」 063

日常にひと工夫

- □ 朝のスター気分 064
- □ 自分をほめる 065
- □ 自分へのごほうび 066
- □ 自分甘やかしデー 067
- □ ほしいもの宣言 068
- □ 主語を自分に 069
- □ 指さし確認 070
- □ 自分との対話 071
- □ いいこと日記 072
- □ 感謝の手紙 073

最強のログセ

- □「これが私」「これも私」 074
- □「私が可愛いから」 075

仕事と人間関係

- □ タスクの「見える化」 076
- □ つらさをアピール 077
- □「人の迷惑、顧みず」 078
- □ 人に頼ってあげる 079
- □ ひとり居酒屋 080

家族の絆のために

- □ 夫婦でほめ合う 081
- □ 5つの役割 082
- □ 愛情表現の仕方 083

第5章

自己肯定感をベースにどう生きるか

084

NOを言えるようになると、新たな人間関係が生まれる

この最終章では、**自己肯定感をベースにしながら、どのように生きていくか**についてお話ししていきます。

自己肯定感が高まると起こる変化のひとつに、**NOを言えるようになる**ということがあります。そしてそれにより、**人間関係に変化が生じてきます**。

自己肯定感が低かった頃のあなたは、まわりの人の気持ちや態度からもろに影響を受け、自分と他人の境界線をうまく引くことができませんでした。頼みごとをされると断ることができず、自分を犠牲にしてでも引き受けていました。

しかし**自分軸**が確立し、自己肯定感が高まると、「相手にどう思われるか」よりも「自分がどうしたいか」を大切にできるようになるので、気が向かないことには、少しずつNOを言えるようになっていきます。

相手と自分の間に線引きができ、適切な距離が取れるようになるため、自分の考えを表現しやすくなるのです。

「NOを言っても大丈夫だ」と知ると、**自分のやりたいこと**や**自分の価値**に気づける

瞬間が増えていきます。意外なほどまわりの人が助けてくれることにも気づき、一歩引いた場所から全体を見られるようになるので、周囲からの評価が変わったり、組織内で以前とは違う役割を担ったりすることも少なくありません。

そして公私を問わず、些細な問題でも**ひとりで解決しようとせず、人を頼ってください。**

いろいろな人の意見を取り入れることは、恥ではないばかりか、自分にはない視点を与えてもらえる最良の姿勢です。だれかに相談して突破口が開けることは、とてもよくあることです。

どうしてもまわりの人に言いづらいときは、**匿名の相談電話**や、**ＳＮＳへの投稿**なども活用してみてください。声をあげれば、必ずだれかが手を差し伸べてくれます。

困りごとは積極的に開示して、ひとりでも多くの味方をつのりましょう。そして助け合える関係をひとつでも多く築くことで、**ＮＯを言いやすい環境**を構築していきましょう。そのような心強い仲間の存在は、自分らしい人生を輝かせてくれます。

ＮＯを言える人間関係を築きましょう。

相手にもNOの選択肢を与えると、信頼関係が築ける

自己肯定感が高い状態になると、自分がNOを言えるだけでなく、**相手がNOを言える選択肢**も快《こころよ》く与えることができるようになり、本当に信頼し合い、与え合う関係が築けるようになります。

自己肯定感が低いと、だれかにお願いや提案をするときに、NOと言われることを恐れ、相手に過度に期待します。そして、期待がかなわないかもしれないと感じると、焦って相手をコントロールしたくなってしまいます。そのような態度を取られた相手は、「自分を受け入れてもらえている」と感じられないため、あなたに信頼を抱くことができません。

信頼関係を築く基本は、「話す」ではなく「聞く」ことです。相手の考えや都合を、いったん否定することなく聞いてあげると、「自分を受け入れてくれた」「わかってくれようとしている」と、心を開いてくれるようになります。

自己肯定感が高まり、**相互依存**がうまくできるようになると、押しつけや決めつけ、コントロール、指示、否定、ダメ出しなどをすることなく、相手の反応を恐れずに受

け止め、的確に返すことができるようになります。

いってみれば、キャッチボールが上手にできる状態です。**相手のボールを受け止め、取りやすいボールを投げ返す**ことができます。お願いや提案をする際も、相手がNOと言える余地を残したうえで、きちんと「聞く」ことができるようになるのです。

相互依存は、とてもしなやかな関係です。自分の足で立ちながらも、ひとりよがりになることなく、相手を信頼し、与え合うことができます。

「自分でできること／できないこと」の線引きもできて、「自分ができないことができる人」、すなわち**協力者**を見つけられるようになります。

たとえば、「○○で行き詰まっているのですが、ご協力いただけませんでしょうか」といった切り口で頼むことが可能になるのです。委ねられた相手も自分の能力を発揮できますので、ウィンウィンの関係になります。

相手に快くNOを言える選択肢を与えられることは、「自分の意思を聞いてくれた」という受容感につながり、信頼関係を築くベースとなります。

相手の話を聞き、NOも受け入れられるようにしましょう。

086

「私は人が好き」と自覚すれば、察する力は長所になる

自己肯定感が高まり、自分軸で生きられるようになると、**まわりの人の気持ちを察することができる能力**が、この上ないほどの**強みに変わります**。

他人軸だった頃、あなたの気遣い力はまるで「義務」のように作用し、疲れやストレスの原因となっていました。

しかし、自分軸に立てるようになると、自分の気持ちと向き合ったうえで、**そうした気遣いを「与える」ことに向けられる**のです。

人の気持ちを敏感にキャッチできることは、従業員や顧客が望むサービスを提供できたり、人が喜ぶ空間やシステム、商品を作ったりする能力につながります。

相手の気持ちを繊細に汲み、共感しながら話を聞けることは、カウンセラーやコーチ、コンサルタントといった顧客の問題解決に当たる職業にも活かせます。

自分の能力を長所として活かせるようになると、「**私は人が好きなんだな**」と自覚できる瞬間もあるかもしれません。以下の問いの答えを、ぜひ考えてみてください。

なぜ、私はこんなにも人の気持ちを考えてしまうのか。
なぜ、私は場の空気を読んで自分の思いを我慢してしまうのか。
なぜ、私は相手のためにたくさんのエネルギーを使いたくなるのか。
なぜ、私は相手の気持ちを察することがこんなにも得意なのか。

自己肯定感が低かった頃は、「自分に自信がないから」「嫌われるのかが怖いから」と答えていたかもしれません。

しかし、**嫌われたくないと思うことも、裏を返せば、人が好きなことの証拠**です。多大なエネルギーを費やしてしまうのも、「他人にそれだけのエネルギーをかける価値がある」と感じているからではないでしょうか。

「好き」という感情は、心の深いところから湧き上がる、自然な感情です。不安や罪悪感よりも強い**愛から生まれる感情**です。「だって、人が好きなんだもの」と、前向きにその能力を発揮していきましょう。

敏感さや繊細さを、「能力」として役立てていきましょう。

自己肯定感が高まると、「嫌われる勇気」をもてる

他人軸から自分軸に移行していく段階では、**それまでの友だちを失ったり、職場の人間関係がギクシャクしたり**、といった経験をする人も少なくありません。

相手に合わせることで築いてきた人間関係は、あなたが相手に合わせることをやめた時点で、成り立たなくなることがあるためです。「相手を優先していたから友だちでいられた」という関係は、自分の気持ちや意思を素直に表現するようになれば、必然的に疎遠になっていくことでしょう。

自分らしさを取り戻すプロセスでは、**その変化が急激であるほど、人間関係のギクシャクも激しく起こる**と理解しておきましょう。

人によっては、仕事を変えたくなったり、恋人と別れたくなったり、人間関係を一新したくなったり、引っ越したくなったりもするかもしれません。

しかし、心配は無用です。

「あなたが合わせていたから友だちだった人」はあなたのもとを去ったとしても、**あなたの本当の価値や魅力に気づいていた友だちは、むしろあなたの変化を喜び、変わ**

らずに友だちでいてくれます。本当の友だちは、ちゃんと残ってくれるのです。

仕事や恋人についても、まったく同じことがいえます。自分軸を取り戻し、自己肯定感を高めていくことは、**自分にとって本当に大切な人が見えてくるプロセス**でもあるのです。

人間関係に変化が起こる中で不安を感じ、「自分のせいで嫌われてしまったのだろうか」などと感じたら、それは他人軸に引き戻されようとしているサインです。

そんなときは意識的に「**嫌われることがあってもしょうがない、自分軸で生きていくには必要なことだ**」と自分自身に言い聞かせましょう。

これは、**嫌われる勇気**をもつということでもあります。124ページの「**人に嫌われてもいい**」**というアファメーション**も再度行ってみるといいでしょう。

「自分が言いたいことがあれば、言っても大丈夫。どうとらえるかは相手次第。去っていく人もいていいんだ。ありのままの自分を好きだと言ってくれる人を大切にしていこう」――そんな決意を胸に、新しい世界を構築してください。

人間関係がギクシャクしても、気に病まないようにしましょう。

「ドライな人」でもいいと知ると、無償の優しさを与えられる

自分軸を確立し、自己肯定感を高めていく過程では、**自分が「冷たい人」になってしまったような感覚**を覚える瞬間もあるかもしれません。

自分の気持ちを大切にしていると、「上司にも物おじせず、自分の意見をはっきり言う」「余裕がなければ、お願いや依頼を断る」「気が進まない集まりには参加しない」「自分のペースで仕事を効率的に片づけ、まわりを気にせず退社する」など、周囲に合わせていた頃はしなかったような行動をする場面が出てくるからです。

でも、心配はいりません。

人に気遣いをしてしまう人は、気持ちが優しい人がほとんどなので、**ほんの少し冷たいかなと思う行動をした程度で、本当に冷たい人になることはありません**。

「たまには、冷たい態度を取ってもよし」と思えると、あなたの行動の選択肢はぐっと増え、気持ちがラクになります。自分が手伝いたいから手伝う、気が進まないときは断る、という場面が増えるほど、**自分らしく生きている実感**が湧き、自己肯定感を高い状態に保つことができます。

もちろん、気持ちよく気遣いをし合える相手には、今までどおりのかかわり方でかまいません。しかし、**「気遣いをしても報われない気分になりそう」と思う相手に対しては、自分に「ドライな人」になることを許可してあげる**といいでしょう。

「ドライな人」というと、人に興味がない人のように思われるかもしれませんが、もともと人が好きで、人の気持ちを察して動く人にとっては、「相手の反応にかかわらず、自分を貫きます」という宣言になります。

ただそのためには、心の中に少なからずあるはずの「相手が喜んでくれるかな」「感謝してくれるかな」という期待を手放すことも必要になります。

それが難しいと感じるときは、**「人には期待しない」という宣言**をしてみましょう。そうすることで、「相手が喜んでくれようがくれまいが、自分がしたいときはやる」という姿勢が作られます。これはそのまま、自分軸の行動姿勢ともいえます。

「人に期待しないドライな人でもかまわない」と心から理解できれば、**自己犠牲に陥ることなく、無償の優しさを与えられる人**になることができるのです。

「自分は冷たくなったかな」と感じても、問題ありません。

089

上手に線を引くことで、苦手な相手ともうまくつき合える

自分軸を確立できて、自己肯定感が高まると、「嫌いな人」や「苦手な人」とのつき合い方も上手になってきます。

自己肯定感が低い状態にあるとき、あなたは「人を嫌いになってはいけない」「自分から『相性が悪い』と切り捨てるなんてよくない」と自分の感情を否定し、「合わない相手ともうまくやらなければ」と奮闘し、疲弊してしまっていました。

一方、**嫌いなものは嫌いでいい**と認めてあげることが、自己肯定感が高い状態にある人のスタンスです。ありのままの自分を認めているので、**「嫌い」「苦手」という感情をもつことも許可してあげる**のです。

この人とはやっていけない、正直好きになれない、馬が合わない……といった正直な気持ちを認めて、「相手にどう思われるか？」を気にしないようにしましょう。

この際、122ページの**「私は私、人は人」のアファメーション**は非常に役立ちますので、自分軸が揺らぎそうになったら、ぜひ取り入れてください。

それができれば、**嫌いなりのつき合い方**ができるようになります。

嫌いな人との間にはっきりと線を引き、心理的に距離を取れるようになれば、「表面上、うまくやっていけばいい」という、あくまで**ビジネスライクなつき合い方**ができるのです。

ビジネスライクなつき合いでは、基本的に**「感情」を無視して、表面的なやり取りに終始する**ようにします。相手とのコミュニケーションは最低限にとどめ、どうしても真っ向から話をしなければならないときは、だれかに代わってもらうか、同席してもらうことを検討しましょう。それが難しければ、「これも自分の仕事の一部」と覚悟を決め、何とか必要事項だけのやり取りで終えられるように工夫します。

ただし、その相手によって多大なストレスを抱え込むようであれば、**自分の身を守ることを優先**してください。最終手段として、会社を辞める、離婚する、絶縁するといった**物理的な距離を取る**選択肢もあることを心得ておきましょう。

自分軸を確立し、人との心理的な境界線を上手に引けるようになると、嫌いな人、苦手な人とのつき合いも、随分ラクになっていきます。

苦手な相手とは、ビジネスライクに接すればOKです。

「嫌いな理由」を掘り下げると、うまくつき合うヒントがわかる

「心理的境界線を引いてつき合えるようになるのはいいけれど、嫌いな人とも、できればうまくかかわれる方法を探りたい」と望む人もいることでしょう。

そんな方には、**嫌いな人を理解する**というアプローチをお勧めします。**その人を嫌いだと感じてしまう理由**を発見することで、うまくつき合うためのヒントを探るのです。

まずは**「世の中には、その人とうまくやれる人もいる中で、なぜ自分はその人に苦手意識をもってしまうのか」を考えてみます**。すると、自分自身の中に、❶**抵抗**、❷**傷（嫌悪）**、❸**禁止**などの要素が見つかってくる可能性があります。

はじめに、❶**抵抗**のケースについてお話ししましょう。

心理学では**投影の法則**と呼ばれますが、人は**過去に自分を傷つけた人に雰囲気や立場が似ている人を、無意識に嫌いになる**という傾向があります。

第3章で、親が子どもに与える影響についてお話ししましたが、たとえば、権威を

ふりかざす父親に怯えながら育った人は、父親に似た雰囲気の上司のことを無意識に苦手だと感じます。上司に限らず、父親と似た言動をする人を見ると、父親に対して感じていた嫌な気持ちをその人に投影して、嫌いになってしまいます。

だれかを投影して苦手意識を覚えているケースでは、被害者モードになり、ストレスを抱えながら受け身でつき合っていることが多いですが、「別のだれかを投影しているだけかもしれない」と気づくだけで、気持ちは随分ラクになってきます。

みなさんもぜひ、**「過去にかかわっただれかを投影しているのかもしれない」という視点で、嫌いな人・苦手な人を見つめてみてください。**

次に、**❷傷（嫌悪）**のケースについて。

こちらも投影の法則ですが、私たちは他人に他人を映し出すだけでなく、**自己嫌悪を他人に投影する**こともあります。

たとえば、時間にルーズな自分を嫌悪していると、ほかの人が時間を守らない場面に遭遇したときに、その人のことも「嫌だな」と感じてしまうのです。

つまり、「嫌いな人と自分が、じつはよく似ている」ということになりますが、この理由で苦手意識をもっているケースは、思いのほか多いものです。

自分と似ている人を嫌いだと感じている場合、**自己肯定感を高めていく**ことが、一番の解決策になります。

ダメなところも含めて、自分を肯定し、愛せるようになっていくと、自分に似た「その人」にも寛容になり、うまくつき合えるようになっていくのです。

最後に、❸**禁止**について。

これは、**「無意識に自分が禁止していたり、我慢していたりすること」をやっている人**のことを「嫌いだ」「苦手だ」と感じるケースです。

人は自分と正反対な生き方をしている人に対しても、憧れと同時に、嫌悪感を抱くことが知られています。

たとえば、「わがままを言うべきではない」と思っている人は、自由気ままに行動している人を見ると、何だか不快になり、その人が苦手になります。マナーを厳しくしつけられた人は、マナーができていない人を見ると、嫌悪感を覚えます。

❶や❷の要素に当てはまらないときは、**「自分が禁止・我慢していることは何だろう？」と考えてみる**と、その人が嫌いな理由が見つかるかもしれません。

そのうえで、**自分の中の「正しさ」にこだわりすぎていないか、自分自身を見つめ直してみましょう**。

人は大人になるほど、自分が正しいと思う基準へのこだわりが強くなります。

しかしそれは、他人の「正しさ」と同じであるとは限らないので、振りかざしてしまうと、しばしば「正しさの争い」が勃発します。

「正しさ」へのこだわりが強いほど、いろいろな人に対してイライラしてしまい、嫌いな人が増えていきます。いってみれば、自ら敵を増やしているというわけです。

いろいろな人とうまくつき合いたいと思うのであれば、**自分の中の「正しさ」をできるだけ手放し、こだわらないこと**が解決策になります。この際にも、**「私は私、人は人」というアファメーション**が役立ちます。

自分軸が確立し、自己肯定感が高い状態を保てていれば、自分の「正しさ」とずれている苦手な人のことも、あまり気にならなくなるはずです。

「自分はなぜこの人が嫌いなのか」が理解できるといいですね。

091

親しき仲ほど、「自分軸」を保ちにくい

２０４～２０９ページで、嫌いな人・苦手な人とのつき合い方についてご紹介しましたが、**親しい人や仲がいい人とのつき合いにも、一定の注意が必要**です。

人は親密な関係であるほど、「相手との関係を崩したくない」「相手を傷つけたくない」という思いが強くはたらくので、「自分の意思を伝えづらい」「相手との間に境界線を引きづらい」と感じることがあります。

そのため、「言いたいことを言えずに曖昧にしていたり、気になることがあっても「そのうち話し合えば大丈夫だろう」と問題を先送りにしたりしているケースは意外に多いものです。そうしているうちに問題が大きくなってしまい、関係が破綻する原因になってしまうこともあります。

一般的にはタブーとされているお金のことや、家族、健康、政治や宗教の話題などでも、親しい相手や仕事のパートナーであれば、腹を割って話すことが必要な場面もあるものです。

そのように**言いにくいテーマに踏み込むために必要なもの**は、何でしょう？

勇気に加えて、もうひとつ大切なものがあると、私は思っています。それは**信頼**です。

相手の人となりとこれまで築いてきた関係を信頼していれば、言わなければならないこと、言うべきだと思うことを伝えることができます。

そもそも、違う環境で育ってきた者どうしが友人や恋人、ビジネスパートナーとなっていくのですから、価値観や考え方の違いはあって当然です。違うからといって、わかり合えないとは限りません。物別れの原因になることもあるでしょうが、**意見をぶつけ合うことで、より強い絆が生まれるきっかけとなることもある**のです。

「○○なら、正直に話せば、きっと理解しようとしてくれるだろう」「これくらいのことで破綻するならば、それまでの関係だったということだ」と覚悟を決めて、一歩踏み出してみましょう。

双方が自己肯定感をしっかりもち、言いたいことをきちんと言いつつ、思いやりも示し合うことができれば、それは一生モノの関係となっていくことでしょう。

親しい相手に合わせすぎず、伝えるべきことは伝えましょう。

092

「自分優先」と「相手優先」を使い分けると、気持ちよく人とかかわれる

自己肯定感が高まると、他人と接するときに、**自分優先**と**相手優先**というふたつの選択肢をもてるようになります。

たとえば、とても疲れている日、親友から「相談したいことがあるんだけど、今日食事できないかな」と連絡が来たとします。あなたは「話を聞いてあげたい」と「今日は家でゆっくりしたい」というふたつの気持ちの間で悩みます。そんなときは、**自分の心の声**を軸にして、ふたつの選択肢を具体的に思い浮かべます。

Ⓐ **自分優先**……「今日は正直しんどい。断って、別の日を提案してみよう」
Ⓑ **相手優先**……「力になってあげたいから、今日は話を聞くことにしよう」

どちらを選んでも、**自分が「こうしよう」と決める限り、正解です**。自分の状態を見ながら、どちらかを能動的に選択していきましょう。

自分軸で生きている人は、仮にⒶ自分優先を選んだとしても、自分を責めること

はありません。友だちに「ごめんね」という思いはもちながらも、罪悪感に駆られることなく、「私も今日の状態じゃ気持ちよく話を聞いてあげられないし」と考え、代替案を示すこともできます。

一方、Ⓑ相手優先を選んだときには、「しんどいのに頑張って友だちの力になってあげてえらいよ、私！」と、自分をほめてあげることができます。

同じ行動でも、他人軸の状態でいると「しんどいのに無理してつき合ってあげた」という気持ちから、感謝や報酬などの見返りがほしくなってしまいます。そして十分な見返りをもらえていないと感じると、気持ちがモヤモヤしてしまい、そのあとの関係がギクシャクしてしまうこともあります。

自分軸であれば、自分の意志として協力しているので、そのような感情を抱くことなく、気持ちよく人とつき合うことができます。

今までの習慣で、つい相手の気持ちを先に考えてしまう人もいるかと思いますが、選択の際には、**まず自分の心の声を聞くこと**を大切にしていきましょう。

自分の心の声を軸に、「自分優先」と「相手優先」を使い分けましょう。

093

「辞表」や「離婚届」は、「自分軸」で生きるお守りになる

自分軸で生きられるようになると、まわりの人や環境が変わる人も多いことをお話ししました。「やりがいを感じられない仕事を辞める」「すでに心の離れている相手と離別する」など、自ら環境を変えたくなる人もいるでしょう。

今までできなかった決断をするには、多大な勇気と**自己評価**が必要になります。

あなたは自分のことを、どのくらい信じられるでしょうか？

どれくらい自分のことを高く評価しているでしょうか？

世間からの評価ではなく、自分に自信をもつことが必要になってくるのです。

自己評価が低いと、**他者評価**に依存することになり、他人軸になってしまいます。

「世の中的に見れば、自分の能力では無理だろう」「離婚しても、私には十分な給料を得る仕事のスキルがない」といった考え方です。これでは受け身になってしまい、思いきった行動に出ることはできません。

こんな悩みをもつ方に出会ったとき、私はちょっと大胆なことを提案します。

それは、**辞表や離婚届を書いてみる**という方法です。

あるクライアントさんの話をご紹介します。彼は辞表をつねにポケットに忍ばせておいたところ、気持ちが強くなり、自分の意見を少しずつ職場で表明できるようになりました。ストレスがかなり軽減し、転職の必要性を感じなくなったそうです。

また別のクライアントさんは、辞表を書いたことで清々しい気持ちになり、「やっぱり辞めたいと思っていたのだな」と自分の本音に気づけたといいます。

正式な書類を書くことは、**覚悟をもつこと**につながります。「本当に辞める」「離婚する」ということに意識が向くので、視点も変わり、**しっかりと「今」に向き合おうという覚悟**が生まれてくるのです。

たとえば、「離婚後に社会復帰するのが不安なら、今からスキルを身につければいいじゃない」といった前向きな考え方ができるようになっていきます。

「死ぬ気になれば、人は何でもできる」なんて言葉もありますが、それと似た効果があります。環境を変える勇気がほしい方は、ぜひ決意の書類を一筆したため、**お守り**として活用してみてください。

辞表や離婚届を書き、出さなくてももっておくとよいかもしれません。

094

「子どもは預かりもの」と心得ると、適切な距離を取れる

愛情ゆえに、**子ども軸**になりやすいのが親の性《さが》です。自己肯定感が高まっても、自分軸を意識しながら**子どもとの適切な距離を取る**ことは簡単ではないでしょう。

そんなときは、**子どもは神様からの預かりもの**と考えてみるのがお勧めです。

子どもと一緒に住んで密にかかわり合うのは、子どもが自立するまでです。「いずれ子どもは自分のもとを去っていく。それまでの一時預かりをしているんだ」と考えておくと、常軌を逸するまでの過干渉や過保護にはなりにくいのです。

それに、「会社が敷いたレールに乗っていれば一生安泰」ではなくなってきた今、厳しい社会を生き抜くためにも、**その子の自主性を育てる**ことは大切です。採用のシステムも変わってきており、昔に比べ自主性や個性が重視される時代になっています。

将来が心配で、あれこれとサポートをしてしまう親の気持ちもわかりますが、子ども自身のためにも、**過干渉になりすぎない距離感**を心がけましょう。

そのうち、親離れ・子離れをする時期は必ず来るという前提をしっかり心得ておくことは、その助けになるはずです。

そしていずれは、**子どもとも「大人どうしの関係」を築いていく**ことをめざしましょう。

そのためには、**夫婦関係から目をそらさない**ことも大切です。

「子どもがいないと、会話することがない」なんて夫婦は珍しくありませんが、子どもが自立し、夫婦が向き合わなければならない時期は必ずやってきます。何年も夫婦関係のケアをせず放っておくと、急に再開することはなかなか難しいものです。

そうならないためにも、**子育て中からふたりだけで出かける日を作る**など、**夫婦の時間をもつ**ことを心がけておきましょう。夫婦は親子と違って他人なので、意識しておかなければ、どんどん溝が深くなってしまいます。

「毎週末に夫婦会議をやる」などと決めておくのもよいでしょう。興味があることややりたいことなど、**自分軸になって見つけた自分自身のことを、どんどんパートナーと共有していく**のもお勧めです。

子どもとの間には、ほどよい距離を確保しましょう。

子どもとの間に、意識的に距離を取るようにしましょう。

095

まず親が幸せになると、子どもも変わる

親にとって、子どもと離れてリフレッシュする機会は大事です。「自分（たち）ばかり楽しんでいて申し訳ない」と**罪悪感**を覚える人もいるでしょうが、**家族の幸せは、自分の幸せの延長線上にある**ということをしっかり理解しましょう。

親が思いきり幸せを受け取って喜んでいたら、家族にも笑顔が広がり、家族も幸せだと感じるのです。

日本には、「親」に対して、非常に厳しい目を向ける風潮があります。「子ども優先」の生き方をしない人を許さず、滅私奉公のような姿勢を善とする空気は、いまだに残っています。男女の機会均等が進んで寛容にはなってきましたが、海外のようにシッターさんに預けて出かけることに抵抗がある方もいるはずです。

無論、子どもを本当に放ったらかしている状況であれば、非難されるべき側面はあるかもしれません。しかし多くの親は、自分の時間などほぼもつことなく子育てに没頭していますし、それによって疲弊している人も少なくないのです。

子どもやパートナーに気を遣って、自分のやりたいことや面白いことを我慢したと

ころで、恨みつらみが生まれるだけで、家族のだれも幸せにはなれません。

自分自身が好きなことややりたいことをできるだけやって、自分自身が幸せでいることは、愛する家族のためにも非常に大事な心がけなのです。

つまりは**自分の機嫌を自分で取る**ということにもなりますが、自分が笑顔になれることをして、幸せな気分になって、家族やまわりの人に機嫌よくふるまえるようになれば、**その姿は「あんなふうになりたいな」と子どものお手本にもなります。**

そのためには、**自分を責めないこと**も必要です。もし子どもが問題を起こしたとしても、「親の私のせい」なんて自分を責めるヒマがあったら、子どもを抱きしめ、話を聞いて頭を撫でてあげて、受け入れてあげてください。

ときには真剣に怒ることも必要になるでしょうが、**親の意識が「私のせい」などと自分自身に向いていると、子どもと本気で向き合って真剣に怒ることができません。**

親が罪悪感を手放し、自己肯定感をしっかり育て、そして「幸せに生きる」と決めることで、子どもの自信や自己肯定感にも必ずよい影響が表れてきます。


子どもに対して罪悪感を覚えず、幸せになりましょう。

096

「問題」を乗り越えるたび、自分らしさが見つかる

自分軸で判断し、行動できるようになったからといって、**人生において問題が起こらなくなるわけではありません。**

自分軸で生きていても、他人軸で生きていても、問題は起こります。

ただ、他人軸で生きていた頃と異なるのは、**パニックになって自分を見失ったり、自分だけで何とかしなくてはと焦ったり、不安や恐怖心に押しつぶされそうになったりすることがない**、という点です。

自己肯定感が高まり、自分軸で生きていれば、「こんな問題を起こすなんて、自分はダメ人間だ」などと自分を否定することはありません。

自分自身に「不安だよね、どうしていいかわからないよね」と優しい言葉をかけてあげて、「これは、自分がより成長するために起きたことかもしれない」などと、前向きに受け止めることもできるようになっていきます。

私はよく、**すべての問題は自作自演と考えてみよう**とお話しします。

「自分がこの問題を望んでいるのかもしれない」と仮定すると、必ず見えてくるもの

があるからです。ポイントは、**主語を自分にする**ことです。

「私はどうして昨日、上司とあんなケンカをしてしまったのだろう？　もっと自分らしく仕事をしろというメッセージなのかも。もっと自分に自信をもて、と気づかせてくれているのかも……」といったふうに、さまざまな角度から考えてみます。

この考え方は、**自分軸であることを徹底させてくれる**効果があります。「自分が望んでこの問題を起こしているのだとしたら、なぜだろう」という問いかけは、心の奥にある潜在意識に作用していくので、**自分の「本音」とつながる**効果があるのです。

自分の本音に気づくことができると、次にどんなアクションを選択すれば、その問題を前向きに乗り越えられるか、つまり、より自分らしい生き方ができるのかがわかってきます。

その結果、**のちに「あの問題があったから、私は成長できた」とふり返ることができる**可能性も大いにあります。問題を前向きに乗り越えたという自信は手応えにつながり、自己肯定感を高く保つことにも役立ちます。

問題が起こっても前向きにとらえ、自分の成長につなげましょう。

097

「小さな成長」を認めてあげると、自分をもっと好きになれる

他人軸から自分軸に移行し、自分を変えていくプロセスでは、必ずといっていいほど、**「自分は結局、何も変われていない」「前の自分に戻ってしまった気がする」といった思い**に直面することがあります。

自己肯定感が低かった頃に、自分の「できていないところ」に目を向けるクセがついているので、自分軸で考えられるようになってきていても、なかなか気づけないのです。元来、謙虚な人も多いので、自分の変化を厳しく見てしまいがちです。

内面的な変化はあくまで主観にもとづくものなので、明確な数値化はできませんが、そのように感じるときは、**過去の自分と今の自分を比較してみる**といいでしょう。

以前の自分をふり返ってみると、「3か月前は上司に意見を言えなかったけど、最近は少し言えるようになっているな」「去年は行きたくない飲み会にも出ていたけど、今年は断れることが増えた」など、いくつかの変化に気づけるはずです。

少しでも変化していることがあれば、ぜひ「すごいな、よくやっているよ」と自分をほめてあげてください。それによって、自己肯定感はより高まっていきます。

それに、「前の自分に戻ってしまった気がする」と感じるとしたら、それは「変化を感じていた時期があった」ということです。「自分軸になる感覚をつかんでいる」という点で、以前の自分とまったく同じではないのです。

「3歩進んで2歩さがる」という言葉もありますが、人の変化も一直線に進むとは限りません。**よくなったと思えば、またもとに戻ったように感じる、そのような変化をくり返しながら少しずつ前に進んでいる**ものです。

心理学の世界には、心の変化についてのこんな話があります。

「らせん階段を1周のぼると、上から見たら、同じ場所に戻ったように見える。しかし横から見れば、確実に上にあがっている。心の変化もそれと同様、もとの自分に戻ったと感じるときは、ぐるりと1周のぼったところにいるのかもしれない」

私たちは、つねに成長しつづけます。**自分自身の変化を見つけ、それを承認していくこと**で、確実に自己肯定感は高まりつづけ、自分のことをもっと好きになれます。

そしてそのとき、以前より生きやすくなっている自分に気づけるはずです。

「変われていない」と感じても、少しずつ変われています。

098

「愛し方にもいろいろある」と知ると、愛に気づきやすくなる

自己肯定感は、**自分は愛されるにふさわしい存在だ**と自覚できるほど、高くなっていくものです。ここまでの法則を通じて、みなさんも少しずつ、**まわりの人の愛**に気づけるようになってきたのではないでしょうか。

ただ私たちは、「自分が望む愛し方」をしてくれる人の愛情にしか、なかなか気づけない傾向があります。**人それぞれにいろいろな愛し方がある**と知っておくことは、愛に気づく助けになるでしょう。

たとえば、ある人は「ストレートな言葉」で愛を表現します。しかしまた別のある人は、「遠回しな言葉」で愛を示すこともあります。恥ずかしさや罪悪感が強く、口を開くとつい否定的な言葉が出てきてしまうタイプの人です。

ハグや手をつなぐことなど、「スキンシップ」で愛情を伝える人もいます。ふれ合えると、言葉より愛情を感じる、という人もいるでしょう。

またある人は、「モノ」で愛を表現します。プレゼントをしてくれたり、お金を出してくれたりすることが愛情表現なのです。「私立校を希望したら、父親は黙って学

費を出してくれた」というのも、立派な愛情表現なのです。

世話を焼く、面倒を見るといった「尽くす」愛し方や、相手のことに何かと口を出す「心配する」という愛し方は、古今東西、特に母親に多く見られます。

あえて「遠くから見守る」という愛し方をする人もいます。これは昔ながらの父親に多いかもしれません。子どもを一定の距離から見守ることに徹しているけれども、陰でいろいろとサポートしていることもあります。

「我慢する」「黙ってついていく」といった愛し方をする人も、日本人には多く見られます。パートナーの生き方に反対しない、というスタンスです。

このような多様な愛情に気づくには、**「愛がある」という前提でその人を見る**ことが必要になります。それができると、「じつは愛されていたのかもしれない」「相手なりに、私を大切に思ってくれているんだな」と発見できることもしばしばです。

愛の定義を広げることで「自分は愛されている」という実感を味わい、自己肯定感を高く保つことに役立てていきましょう。


いろいろな人の多様な愛に気づいていきましょう。

099

自分の行動を「愛」の観点で見つめてみる

自己肯定感が高まると、**「与える」という愛の行動**も上手になっていきます。

「与える」とは、「相手が喜びそうなことをしてあげて、それに対して自分も喜びを感じられること」だとご紹介しました（58ページ参照）。

他人軸でいた頃のように、相手が何を求めているかを察しすぎて頑張りすぎたり、犠牲になったりするのではなく、自分軸で、自分の選択として与えることができるのです。そして、そのような自分のことを誇らしく思えるようになると、自己肯定感はさらに高まっていきます。

「自分は人が好きだから、人の気持ちを察して行動したくなるのだな」と気づくことも、**愛とつながる行動**です（１９８ページ参照）。

このように愛について考えるのは、少し照れくさいかもしれませんが、愛はやはりすばらしい力をもっています。愛とつながっているとき、人はネガティブな感情を感じることができません。

ただ、愛というのは抽象的で、意識していないとその存在に気づきにくいものでもあります。みなさんもぜひ、**自分の行動が「愛から生まれたものだ」という前提に立ち、過去や最近のいろいろな出来事を見つめ直してみましょう。**

例①上司の期待に応えようと頑張ったのは、会社や仕事に愛があったから。
例②意地悪な姑と仲よくしようと頑張ったのは、夫や家族への愛があったから。
例③恋人の仕事を手伝ったのは、助けになりたいという愛があったから。
例④今朝、空気を読んで発言をしたのも、円満な職場にしたいという愛から。

そうした行動を取ったことが、裏目に出てしまうケースもあるかもしれません。打算や保身の気持ちが含まれていたかもしれません。それでも、しんどいと感じるまで頑張った動機には、まわりの人たちに対する愛があったと考えられます。

結果だけで自分を評価せず、**心の内にあったはずの愛を認める**ことができれば、きっと自分をより好きに、誇りに思えるようになるはずです。

自分がさまざまな人やものを愛していることに気づきましょう。

100

自己肯定感が身につくと、人とかかわることが好きになる

「人間っていいですね」

そう言えるようになることが、自己肯定感を高めた先でのゴールだといえるかもしれません。

自己肯定感を高く保つには、まず**自分軸を確立する**ことが不可欠です。

そのうえで**相手の気持ちを考え、相手のために与え、相手を信頼する**ことで、**お互いにとってベストな距離**を確立することができるようになっていきます。

つまり、**まずは自分、次に相手、そして最後がふたりの関係性**という順番です。

これまでのあなたは、**この順序が逆になっていた**がゆえに、苦しさを覚えていました。大切な関係を保ちたいという思いから、相手を気遣い、自分を後回しにして、ふり回され、疲弊していました。その事実に気づけただけでも、大きな一歩です。

自己肯定感を高めることは、突き詰めていけば、**自分自身を深く理解していく**ことだと私は考えています。本書の法則を通じて、自己を深く見つめ直し、学び、そしてその結果、しなやかな人間関係を築けるようになっていけば、人とかかわることの喜

びがまさってくる瞬間に、きっと出会えると思います。

元来、人が好きで愛情深いからこそ、人づき合いの中で悩みを抱えていたみなさんですから、そのときの充実感はとても大きく、自分らしい人生を取り戻せた手応えも大きいはずです。

すぐにはピンとこない、頭でわかっていてもうまく活用できない部分もあることでしょう。ですが、何度も読み返し、実践していけば、きっと「こういうことだったのか！」と腑《ふ》に落ちる瞬間が訪れます。**小さな変化に目を向け、毎日植物に水をやって育てていくように、少しずつ自己肯定感を高めていってください**。

自分を強く罰し続けていた**罪悪感**からも解放され、今のままで、そのままで、十分幸せを感じられるようになったとき、あなたは、喜びと感謝にあふれた愛の人、すばらしい愛をもった癒やしの人になっていることと思います。

本書が、あなた自身を取り戻し、幸せな人生を生きるためのきっかけになれば、たいへん嬉しく思います。

少しずつ自己肯定感を高め、人とかかわる喜びを味わってください。

第5章 まとめ

自己肯定感
らせん状に上昇

100 人とかかわる喜び

099 自分の愛に気づく

098 いろいろな愛に気づく

097 「変わっていないかも」と思っても大丈夫

096 問題が起こっても大丈夫

095 親が幸せになる

094 子どもと適切な距離を取る

093 辞表や離婚届をもっておく

092 「自分優先」でも「相手優先」でも OK

091 親しい人と腹を割って話す

090 嫌いな理由を理解

089 苦手な人は苦手で OK

088 「自分は冷たいかも」と思っても大丈夫

087 人間関係がギクシャクしても大丈夫

086 繊細さが武器に

085 相手の NO を聞ける

084 NO を言える

根本 裕幸（ねもと・ひろゆき）

心理カウンセラー。

1972年生まれ。大阪府在住。1997年より神戸メンタルサービス代表・平準司氏に師事。2000年よりプロのカウンセラーとして、延べ20,000本以上のカウンセリングと年間100本以上のセミナーを行う。

2015年4月よりフリーのカウンセラー、講師、作家として活動を始める。

『敏感すぎるあなたが7日間で自己肯定感をあげる方法』（あさ出版）、『マンガでやさしくわかる　敏感すぎるあなたがラクになる方法』（日本能率協会マネジメントセンター）など、多くの著書を手がける。

雑誌・新聞などへの寄稿、各種メディアへの出演、企画・制作協力多数。

オフィシャルブログ　https://nemotohiroyuki.jp/

自己肯定感を高める100の法則

2021年7月20日　初版第1刷発行

著　者――根本 裕幸

発行者――張 士洛
発行所――日本能率協会マネジメントセンター
〒103-6009　東京都中央区日本橋2-7-1　東京日本橋タワー
TEL　03（6362）4339（編集）／03（6362）4558（販売）
FAX　03（3272）8128（編集）／03（3272）8127（販売）
https://www.jmam.co.jp/

装丁――冨澤 崇（EBranch）
編集協力・本文DTP――ユニバーサル・パブリシング株式会社
編集協力――外山ゆひら
印刷所――広研印刷株式会社
製本所――ナショナル製本協同組合

ISBN 978-4-8207-2928-0　C0011
落丁・乱丁はおとりかえします。
PRINTED IN JAPAN